JN070709

ジャムの逸品 GUIDANCE

野山の逸材があればこそ、ジャムづくりは楽しいものになります。

▲左・ナツミカンのマーマレード（72頁）、右・ぼーしや JAM 工房の案内板

▼ジャムいろいろ（前左・ネクタリン、前右・イチゴ、中左・キイチゴ、中右・ブルーベリー、後左・アンズ、後右・リンゴ）

▲イチゴジャム　▲イチゴ(14頁)

▲ウメ(16頁)　▲ブドウ(26頁)

▲アンズジャム　▲アンズ(20頁)

▲ネクタリン(24頁)　▶ネクタリンジャム

▲ブリーベリー(30頁)　▲ブリーベリージャム

▲リンゴジャム　▲リンゴ(34頁)

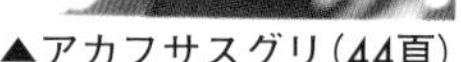
▲アカフサスグリ(44頁)

▲キウイフルーツ(38頁)

◀クワ(48頁)　▲グミ(46頁)

▲カボス(74頁)

▲ヤマブドウ(56頁)

▲モミジイチゴ(50頁)

▲サルナシ(58頁)

▲ルバーブ(62頁)

▲ルバーブジャム

◀トマトミックスジャム ▲トマト(66頁)

とっておき手づくりジャム

池宮 理久
Ikemiya Riku

創森社

素材を生かしたジャムづくり〜序に代えて〜

沖縄県の鳩間島に住んでいたとき、借りていた家の庭に大きなクワの木があった。隣の家の子供や友人と三人でその木に登り、カナブンをどけながらクワの実をバケツにして三杯分は集めたと思う。

その実を煮てジャムにした。

また、そのジャムを使って、一緒に実を摘んだ子供の母親がクワの実パイを焼いてくれた。クワの木の木陰で食べたパイは、とてもおいしかったのを今でもよく覚えている。多分これが私の煮た最初のジャムだったろうと思う。

今は長野県の信濃町、野尻湖の近くでジャム屋をやっている。「ぼーしやＪＡＭ工房」という名前。このジャム屋の最初のジャムは、ルバーブだった。

ルバーブがあったからジャム屋を始めた、ともいえる。

フキのような形のタデ科の植物には、不思議な魅力があって、私の両親も私もそのとりこになってしまった。文献を探したり、多くの人に話を聞いたり、料理・加工の仕方をくふうしたりと、ルバーブを研究した。ルバーブの個性はとてもおもしろかった。

●素材を生かしたジャムづくり～序に代えて～

今ではずいぶんたくさんの種類のジャムをつくるようになったけれども、果物にはみんなそれぞれに個性がある。リンゴにはリンゴの、イチゴにはイチゴの、ブルーベリーやスグリにはその個性が（ただし、ルバーブは果物ではないが）。甘さ・糖度によってその個性をなくさないように、むしろ糖度によってその個性を伸ばしてやるようにしたいものだ。

保存食であったジャムが、最近は嗜好品に変わってきた。自分に合った味をどのようにくふうするか、それがジャムづくりの楽しさなのだろう。だから、余計にそれぞれの個性を大事にしてやりたいと思っている。

さて、この本をお読みになろうと思っている方へ。季節のなかで身近にある果実、たとえばそれが庭木の実だったり、野山へ出かけたときに摘んだ実だったり、それらを自分でジャムにすると、必ずや特別なおいしさがあるものです。是非お試しください。

なお、ジャムコラムについては、同じく信濃町に住む父、健一が筆をとったものである。本文とあわせてお読みいただき、ジャムを通じての豊かな食生活のお役に立てれば幸いである。

池宮　理久

とっておき手づくりジャム／目次

●目　次

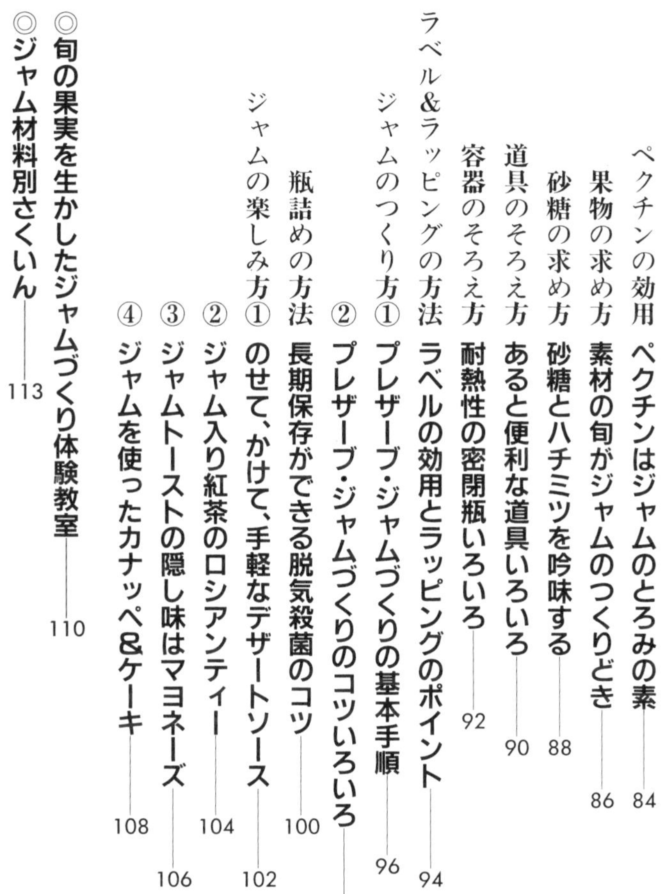

◇本文中の旬は、長野県を基準に示しています。
◇砂糖の量については、プレザーブ・ジャムをつくる際の分量を目安にしているので、好みで加減してください。

黄熟して芳香のあるマルメロ

●

コラム執筆——池宮健一
撮影——熊谷　正
イラストレーション——おさとみ麻美
編集協力——板橋小町
いわかみ麻織
岩谷　徹
天龍社
取材協力——喫茶店ぼーしや
上村一彦
上村好子
写真協力——角田良一
築地東京青果
玉田孝人
秋野正素
ほか

PART I

季節を封印する お気に入りジャム

♥

たわわに実ったアンズ

◆イチゴジャム

定番ジャムは丸ごとの粒の形を生かして

イチゴ＝バラ科。南アメリカ原産で、日本には天保年間に渡来。ハウス栽培の普及で年間を通じ出回るが、旬は五～六月。

●ヘタの芯を残してイチゴの形をキープ

イチゴは小さくて酸っぱめのものが、ジャムづくりにはいい。自然のまま、完熟も、少し未熟も交ざっていていいだろう。イチゴ一パックで、一五〇gの瓶に一つくらいのジャムができる。

［材料］ イチゴ／適量、砂糖／材料のイチゴの重量の三〇％強

［でき上がり重量］ 果実の五〇％

［つくり方］ ①イチゴは、つぶさないようにそっと洗い、手でヘタをむしり取る。芯を残しておくと、粒の形がきれいに残る。

②半量の砂糖をまぶし、しばらくおく。

③果汁がしみ出してきたら火にかけ、浮いてくるアクをすくいながら、中火で煮る。

④味見をしながら残りの砂糖を加える。煮汁に軽くとろみがつき、イチゴに照りが出てきたら、でき上がり。

●中火で手早く、色よく仕上げる

イチゴの粒の形がそのまま残ったプレザーブ（果実を全部つぶさずに原形を保たせたもの）タイプのジャムがいい。あとでヨーグルトやアイスクリームにかけるとき楽しいし、ケーキの飾りにもうってつけだから。

あまり時間をかけると色が悪くなるので、弱火でコトコトなんて煮ないで、さっさと火を通して水分をとばすこと。ヘラなどでかき混ぜるときは、鍋の底をこするようにして、粒をつぶさないようにする。

イチゴジャムはジャムの女王

小さくて酸っぱいイチゴが適材

粒の形を残した
プレザーブタイプのイチゴジャム

◆ウメジャム

ウメ干しの季節にジャムもお忘れなく

ウメ＝バラ科。中国原産。食欲増進、疲労回復などの薬効がある。五〜六月に未熟の青ウメと完熟の黄ウメが出回る。

●熟したウメならタネは取りやすい

ウメは金けを嫌うので、包丁は厳禁。ウメ酒用の青ウメを使ってもいいのだが、それだとタネを取るのに木づちなどで叩かなければいけないほどにかたいので、手で簡単に割れる熟して黄色くなったウメを使うと楽。

［材料］ 黄ウメ／適量、砂糖／タネを除いたウメの重量の三〇〜五〇％

［でき上がり重量］ 材料のウメの七〇％

［つくり方］ ①ウメを洗い、竹串や楊子の先を使ってヘタを取る。

②手で割って、タネを取り除く。

③半量の砂糖をまぶし、しばらくおく。

④果汁が少ししみ出してきたら火にかけ、アクが浮いてきたらすくいながら、中火で煮る。ときどき鍋底を木ベラでかき混ぜながら煮る。

⑤ウメがやわらかくなったら、味見をして砂糖を加え、軽くとろみがつくまで煮詰める。

●でき上がり具合は水にたらして判断

ジャムづくりで難しいのが、でき上がりの見きわめ方。熱いときちょうどいいと思っても、冷めると予想外にかたくなるので、ちょっとゆるいかな、と思うくらいで火からおろす。コップに冷たい水を入れておいて、煮えたジャムを少したらし、ポタポタ固まって底に沈むようになったらもう大丈夫。

なお、ウメ酒をつけて二〜三か月で取り出した実でもおいしいジャムがつくれる。

ウメ酒の実をジャムの材料にしてもいい

黄ばんだ熟したウメを用いる

酸味の利いたフレッシュなウメジャム

◆サクランボジャム

真っ赤な小果のほんわか風味

サクランボ＝バラ科。中国原産の従来の国産種と、ヨーロッパ原産のアメリカン・チェリーがある。国産ものの旬は六〜七月。

●柑橘類のペクチンでとろみを補う

私がよく使うのは、生食用に栽培されているナポレオンという品種。

サクランボは、ペクチンの量が少ないので、サクランボだけでジャムをつくると、かなりゆるくなる。

しっかり濃度をつけたい場合には、レモンかカボスの薄切りを刻んで入れるか、市販の粉末ペクチンを加える。

また、サクランボだけを使ってゆるめにつくるときも、仕上がりぎわにレモンかカボスのしぼり汁を少したらすと、いい香りと風味がつく。

●レモンやカボスは風味づけに

［材料］ サクランボ（ナポレオン）／適量、砂糖／材料のサクランボの重量の三〇％、好みでレモンまたはカボスのしぼり汁／少々

［でき上がり重量］ 果実の六〇〜七〇％

［つくり方］ ①サクランボは洗って軸を取り、ナイフかタネ抜き器でタネを取る。レモンやカボスを加える場合には、皮ごと薄切りに。

②鍋に入れ、半量の砂糖を加えてしばらくおき、果汁が出てくるまで待つ。

③中火にかけ、さらに果汁が上がって実がヒタヒタにつかるくらいになったら、味見をしながらの残りの砂糖で甘みを加減する。

④軽くとろみがつくまで煮る。好みで、仕上がりぎわに風味づけのレモン汁またはカボスの汁を加えてもいい。

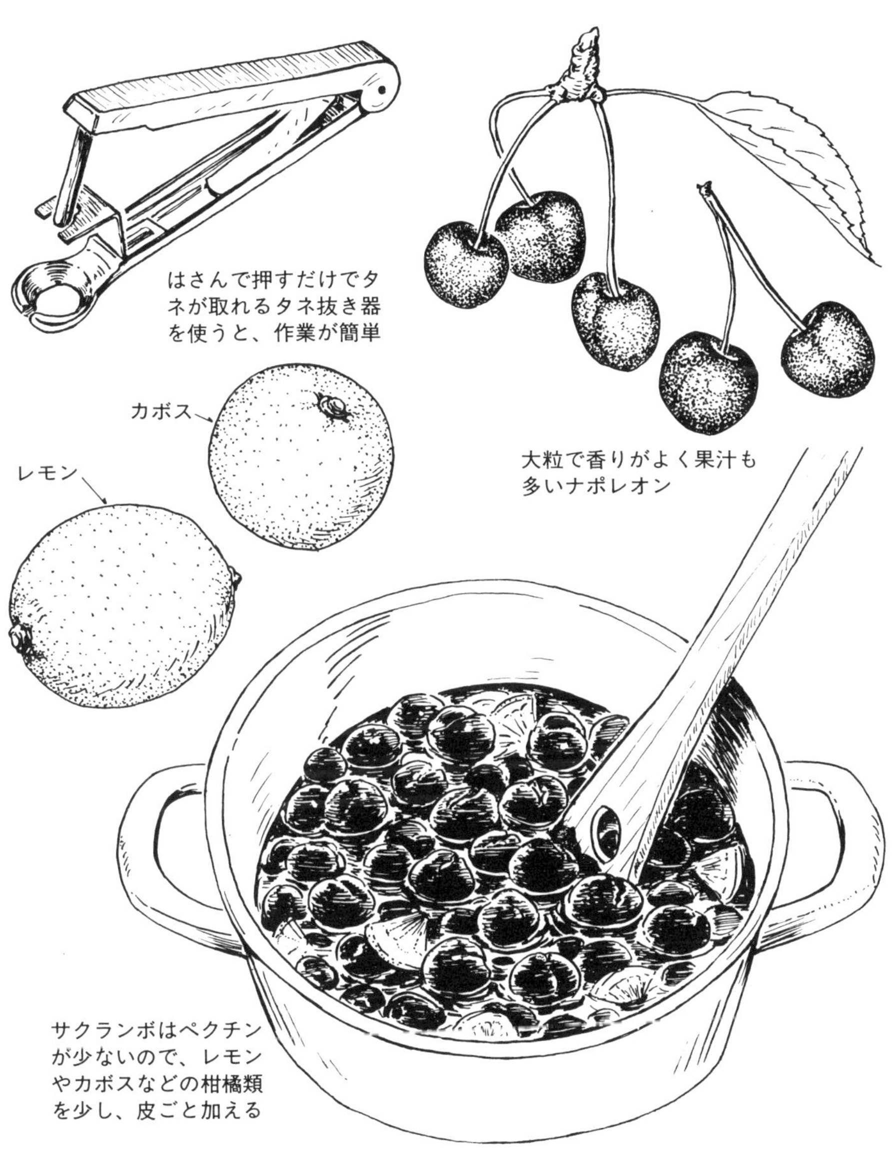
はさんで押すだけでタ
ネが取れるタネ抜き器
を使うと、作業が簡単
大粒で香りがよく果汁も
多いナポレオン
カボス
レモン
サクランボはペクチン
が少ないので、レモン
やカボスなどの柑橘類
を少し、皮ごと加える

◆アンズジャム

アンズ＝バラ科。モンゴル原産。庭木としても栽培されている。種子は漢方で杏仁（きょうにん）といい、せき止めなどの薬効がある。実の旬は七月。

●旬を逃さずジャムにする

生食はあまり好まれないアンズだけれど、ジャムにすると利用範囲が広くなる。ヨーグルトやアイスクリームなどのデザートのソースにピッタリだし、すこし甘めにつくったものは、紅茶との相性がいい。

他の果物に比べると農薬の量が少ないのもうれしい。旬が短く日もちがしないし、生のアンズが店頭に出回る期間は短いから、よく注意しておいて、見逃さないように。

［材料］アンズ／適量、砂糖／タネを除いたアンズの重量の三〇〜五〇％

［でき上がり重量］材料のアンズの七〇％

［つくり方］①アンズを洗い、手で押してタネを取り、鍋に入れる。

②半量の砂糖をまぶし、しばらくおく。

③果汁が出てきたら火にかけ、中火から少し強めの火で手早く煮詰める。

④残りの砂糖で甘みを調節し、好みのかたさで火を止める。

●ゆるめにつくってデザートソースに

砂糖の量は好みで加減していいが、三〇％でつくると、かなり酸っぱい。糖度を変えて何種類かつくっておくのもいいだろう。そんなときのためにも、ラベル（94頁参照）には忘れずに糖分量を書いておくと便利。

デザートソースに利用したいなら、少し早めに火からおろして、ゆるめにつくっておくと使いやすい。

黄色に熟し、芳香を放つ果実

アンズの花は淡紅色の五弁花

アンズジャムは甘酸っぱさが魅力

用途の広いアンズジャム

◆プラムジャム

さわやか酸味の夏向きジャム

スモモ＝バラ科。中国原産。日本に渡来した歴史は古く、改良により多くの品種がある。旬は七月中旬～八月。

●果汁は無駄なく、とっておく

プラムのジャムは、ちょっと酸っぱくて、さわやかな夏向きの味。タネを取るときに、たっぷりの果汁が出るので、出た汁は実と一緒に鍋に入れてもいいし、凍らせてシャーベットにしてもおいしい。

［材料］プラム（スモモ）／適量、砂糖／タネを除いたプラムの重量の三〇～五〇％

［でき上がり重量］タネを取ったプラムの重量の六〇～七〇％

［つくり方］①プラムは洗い、タネを取りながらざっとつぶし、出た果汁も一緒に鍋に入れる。

②半量の砂糖をまぶし、しばらくおく。

③果汁がしみ出してきたら、やや強めの火にかけ、アクをすくいながら煮る。

④やわらかく煮えたら、味見をしながら残りの砂糖を加えて甘さを調節する。

⑤軽くとろみがついたら、でき上がり。

●タネで手を切らないよう注意

ジャムをつくるとき、できるだけナイフを使わず、手でちぎれるものは手を使うようにしよう。ナイフでスパッと切ると、煮たときのとろけ具合が、どうもよくないような気がする。それにしても、プラムのタネは先端がとがっていて、注意しないと手を切ることもあるので、気をつけて。

煮始めで出た果汁をすくって取り出し、そのままジュースとして飲んでもおいしい。

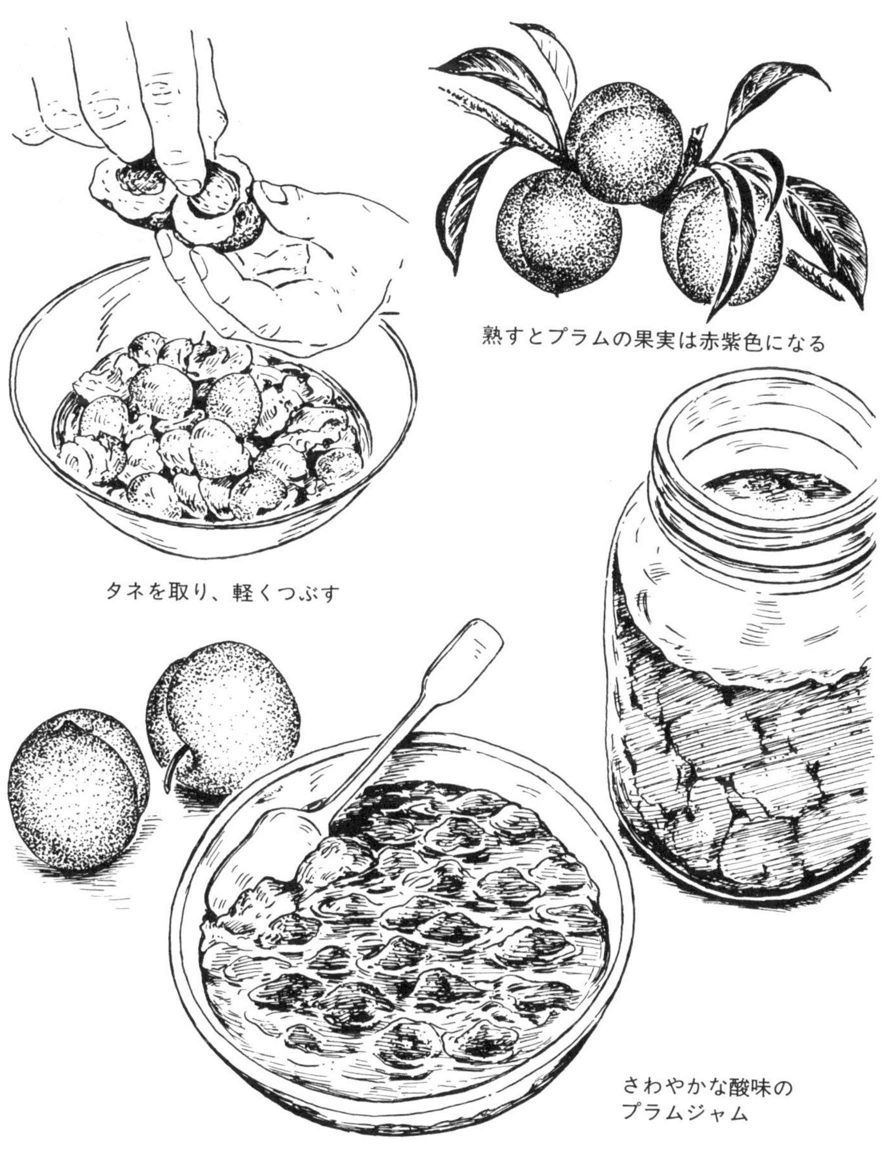

熟すとプラムの果実は赤紫色になる

タネを取り、軽くつぶす

さわやかな酸味の
プラムジャム

◆ネクタリンジャム

隠れた名品の甘い香り

ネクタリン（ズバイモモ）＝バラ科。モモの改良品種で、モモより小さく、肉質がしまり、表面の毛がない。旬は七月中旬〜九月。

●ほんのりやわらかなおいしさ

「ぼーしやＪＡＭ工房」で好評なのが、ネクタリンのジャム。よそではあまり見かけないし、なによりも、ふんわりとやわらかい味と甘い香りでおいしい。

よく熟した実を使えば手で皮がむけるし、つぶしやすいのだが、ややかたいときには、半量の砂糖で一度煮て、やわらかくなったところで火からおろし、つぶすといい。

［材料］ ネクタリン／適量、砂糖／タネと皮を除いた果実の重量の三〇〜四〇％

［でき上がり重量］ 材料の六〇〜七〇％

［つくり方］ ①ネクタリンは皮をむき、タネを取る。鍋に入れて手でざっとつぶす。

②半量の砂糖をまぶし、しばらくおく。

③果汁がしみ出してきたら火にかけ、中火で、アクをすくいながら煮る。

④透き通るくらいやわらかく煮えたら、味見をしながら残りの砂糖を加え、甘さを調節する。

⑤軽くとろみがついたら、でき上がり。

●甘さは自分の舌で決める

ジャムをつくるとき、砂糖は二回に分けて入れる。同じ果物でも、そのときの状態によって甘さが違うので、あとから加える砂糖で全体の甘さを調節する。甘さを決めるとき、ふつう糖度計を使うが、最終的に一番頼りになるのは、自分の舌。必ず味見をして、自分がおいしいと思う甘さに仕上げる。

熟果は果肉がやわらかい

表面がなめらかなネクタリン

ふわりとした甘さがセールスポイント

「ぼーしやJAM工房」のネクタリンジャム

◆ブドウジャム

ブドウ＝ブドウ科。ジャム用にはキャンベル、ブラッククイーンなど、酸味のあるものを使うといい。粒の大小や色は問わない。旬は七～十月。

●ザルを通してタネと皮をこす

［材料］ブドウ／適量、砂糖／房からはずしたブドウの重量の四〇～五〇％

［でき上がり重量］材料の五〇％

［つくり方］①ブドウは房からはずし、さっと洗って鍋に入れる。

②半量の砂糖をまぶし、しばらくおく。

③少し果汁が出てきたら、中火にかけ、アクをすくいながら煮る。

④果汁がたっぷり上がり、皮がはじけてきたら、いったん火からおろし、ザルを通して皮とタネをこす。果汁や果肉が無駄にならないよう、木ベラで押しつけるように。

⑤こした液の上澄みを少し取り分け（これはジュース用）、残ったぶんを再び火にかけ、残りの砂糖で甘みを調節する。

⑥やや強めの火で煮詰め、とろみがついたら、でき上がり。

●ジャムとジュースが同時にできる

ブドウは水分が多いので、少し強めの火で、水分をとばし、手早く煮詰める。

ザルを通してこしたあとは、たっぷり果汁が出てジャブジャブした状態になっていることが多いので、この上澄み液をすくい、ジュースをとる。

果肉の多い残りの部分も上澄み液同様に甘みと酸味が強いが、この部分だけでジャムを煮るのがいい。

収穫適期のブドウ棚

とろみが出て失敗も少ないブドウジャム

房から粒をはずし、さっと洗って使う

◆イチジクジャム

生よりぐんと深まりますます味とコク

イチジク＝クワ科。西南アジア原産。栽培ものは出回る時期が短いので要注意。旬は七〜十月。

●実の中に花がある?

古くから庭先果樹として親しまれてきたが最近、イチジクのある庭をあまり見かけなくなってしまったのは、ちょっと寂しい。

イチジクは果実ではない。

一般に実だと思われているものは、内部に無数の小花をたくわえた果嚢で、花が人目に触れないまま実を結ぶので「無花果」の漢字を当てられている。食用にする部分は、植物学上は花托。

［材料］ イチジク／適量、砂糖／材料のイチジクの重量の三〇〜四〇％、好みでレモンのしぼり汁／少々

［でき上がり重量］ 果実の八〇〜九〇％

［つくり方］ ①イチジクは洗って皮をむく。

②鍋に入れ、半量の砂糖をまぶして、しばらくおく。

③果汁がしみ出してきたら、火にかけ、中火でアクをすくいながら煮る。

④やわらかく煮えて、実が透き通ってきたら、味見をしながら残りの砂糖で甘みを加減する。

⑤とろりとして、照りが出るまで煮たら、でき上がり。好みで、つぶしてもいい。

●シナモン風味のイチジクジャム

イチジクは、シナモンと相性がいい。

ジャムを煮るとき、シナモンスティックを少し入れるか、煮上がりに粉末シナモンをふりかけると、ちょっと変わったおしゃれな風味のジャムになる。

イチジクは砂糖を加えて煮ると、格段に味の深みとコクを増す

イチジクと相性がいいシナモンには、スティックとパウダーがある

つぶしてペースト状にしてパンなどにつけるほか、形を残しておいて、ホイップクリームを添えてデザートにしても美味

◆ブルーベリージャム

ブルーベリー＝ツツジ科。北米東南部原産。日本導入の歴史は新しいが、栽培のほか、庭木としても利用されている。旬は七～十月。

●疲れ目に効くブルーベリージャム

ブルーベリーが眼精疲労に効くと一躍脚光を浴びたことは記憶に新しい。熱を通しても有効成分が失われないので、手軽に食べられるジャムが注目されている。

日本のブルーベリーは、おおまかにラビットアイ系とハイブッシュ系がある。ハイブッシュ系のブルーベリーの栽培が農業として始まったのは私たちの町だった。私は農家の初期からの苦労と研究の話から多くのことを学ぶことができた。ブルーベリーの種類を確認して味を比べるのもおもしろい。

ブルーベリージャムは、実をつぶさないで、色よく仕上げたい。そのためには、少量ずつつくるのがコツ。

●少量ずつ手早く、色よく仕上げる

［材料］ブルーベリー／適量、砂糖／果実の重量の四〇～五〇％

［でき上がり重量］果実の八〇～九〇％

［つくり方］①ブルーベリーは、実をつぶさないようそっと洗って鍋に入れる。

②半量の砂糖をまぶし、しばらくおく。

③果汁が少し出てきたら中火にかけ、アクをすくいながら煮る。

④さらに果汁が出だしたら火を強め、実をつぶさないよう、鍋を揺すりながら煮る。

⑤果汁がヒタヒタまで上がってきたら、残りの砂糖で甘みを加減し、少しとろみが出るまで煮たら、でき上がり。

目などに効く機能性食品として注目されるブルーベリー

エキス分を残すブルーベリージャム

ブルーベリージャムは定番製品

◆プルーンジャム

プルーン＝バラ科。欧米に産するスモモの仲間。ドライフルーツが一般的だが、生の旬は八〜九月。

●鉄分・食物繊維たっぷりの健康ジャム

プルーンはヨーロッパのスモモ。鉄分や食物繊維たっぷりの美容健康食として、当初はドライフルーツとして日本に紹介されたが、近ごろ、たまに生を店頭で見かけるようになった。よく出回っているのがシュガープルーン、カンプルーン。これらはとてもよく実をつけ、寒さにも強いので、庭木として育ててはどうだろう。ただ、実をつけすぎるので、摘果（実を減らす）をして、木が弱らないように注意する必要がある。

友人の庭にあったシュガープルーンをジャムにしたのが、「ぼーしやJAM工房」のプルーンジャムの始まりだった。

●タネは指で押すと簡単に取れる

［材料］ プルーン／適量、砂糖／タネを除いたプルーンの重量の四〇％、好みでレモンまたはカボスのしぼり汁／少々

［でき上がり重量］ 果実の七〇〜八〇％

［つくり方］ ①プルーンは軸を取って洗う。指で実を押し二つに割ってタネを取り、鍋に入れる。

②半量の砂糖をまぶし、しばらくおく。

③少し果汁が出てきたところで火にかけ、アクをすくいながら煮る。

④果汁が上がってきたら、残りの砂糖で甘みを調節し、軽くとろみがつくまで煮る。

⑤好みで、仕上がりぎわ、香りづけにレモンまたはカボスの汁少々を入れてもいい。

●季節を封印するお気に入りジャム

甘みを調節し、とろみがつくまで煮る

鉄分やカルシウム、食物繊維などを多く含むプルーン

疲労回復などに効果のあるプルーンジャム

◆リンゴジャム

リンゴ＝バラ科。ジャム用には、少し酸っぱい紅玉が最適。国光もいいが、最近姿を消してしまった。旬は十月。

●甘い香りができ上がりのサイン

［材料］リンゴ／適量、砂糖／皮と芯を除いたリンゴの重量の三〇～四〇％

［でき上がり重量］果実の九〇％

［つくり方］①リンゴは皮をむき、芯を除いて八つ割りにして塩水につけ、薄切りに。

②鍋に入れて半量の砂糖をまぶし、水少々を加え、中火でアクをすくいながら煮る。

③リンゴが透き通り、甘い香りが広がってきたら、残りの砂糖で甘みを調節する。

④全体がなじみ照りが出たら、でき上がり。

●リンゴにはいろいろな種類がある

リンゴはたくさんの種類がある。私は主に紅玉を使っている。なんといっても甘みと酸味のバランスはとてもよい。北信州は紅玉の安定した収穫がある。ただ難をいえば収穫からの使用期間適期が短いことだ。

近年、調理用のリンゴの栽培が増えてきていて、紅玉の前の九月にはイギリス生まれのブラムリーという名の青リンゴが出てくる。このリンゴはとても酸っぱいけれどジャム、パイ、焼きリンゴによい。また、紅玉の後ふじがそろそろ出てくるような頃には北米で、やはりジャムやパイに使われる青リンゴのグラニースミスの収穫が始まることになる。

このほかにも多くの種類があるけれど甘さや酸味、香り、味わいはそれぞれに違う。これはチーズと合わせよう。これはロシアンティ用にと変えてみるのも楽しい。

もぎたてのリンゴを用いる

清楚なリンゴの花

リンゴジャムはチーズと相性がいい

香り豊かなリンゴジャム

◆カリンジャム

とろりとろけるピンク色の夢心地

カリン＝バラ科。中国原産。庭木によく利用される。果実はかたく生食は無理だが、果実酒や砂糖漬けにされる。旬は十～十一月。

●ピンク色した香り豊かなジャム

カリンの実はカチカチにかたく、作業が大変。ようやく皮をむき、割ってみると、タネのまわりにブツブツしたかたい部分がある。ここは苦くて食べられないので取り除く。ずいぶんと量が減ってしまうし、とても手間がかかり、しかもほんの少ししかできない、貴重なジャムだ。

だが、それだけの手間をかける価値は十分にある。最初は薄いクリーム色だった実が、火を通すと、酸化してきれいなピンク色になる。ハチミツのような、とろりととろける甘さが独特。香りもよくて、とてもおいしい。

カリンによく似たマルメロも、同じやり方でジャムにすることができる。これも香り豊かないいジャムになる。

●皮はできるだけ薄くむく

［材料］ カリン／適量、砂糖／煮るカリンの重量の四〇～五〇％

［でき上がり重量］ 果実の四〇％

［つくり方］ ①カリンはできるだけ薄く皮をむく。八～一二個割りにして、タネの外側のかたい部分を取り除き、薄切りにして鍋に入れる。

②半量の砂糖をまぶし、水少々を加えて火にかけ、中火でアクをすくいながら煮る。

③カリンに火が通って透き通り、色が赤く変わったら、残りの砂糖で甘みを調節する。

④全体がとろりとしてきたら、でき上がり。

カリン
マルメロ
カリンは漢方ではせき止めやノドの薬。香りがよく、ジャムにしても珍味なる美味
カリンの皮はなめらかだが、マルメロは綿毛が密生している。それだけの違いで、味も料理法もほぼ同じ
とろりとした甘さと芳香が魅力のカリンジャム

◆キウイフルーツジャム

キウイフルーツ＝サルナシ科。中国原産のシナサルナシの改良品種。国産の旬は十月〜翌四月だが、輸入品も多く、年間を通じて出回る。

●友人宅の大いなる実り

キウイフルーツは、ニュージーランドの特産品。長い間、苗の国外持ち出しが禁止されていたので、日本に入ってきたのは、わりと最近のこと。その名は、実の形がニュージーランドの国鳥・キウイバードに似ていることからついているらしい。

カナダのバンクーバーの友人の家に、キウイフルーツの木があって、毎年、食べきれないほどたくさんの実がなる。一度、これでたっぷりのジャムをつくったら、とても好評だった。

キウイフルーツのジャムは、きれいなエメラルドグリーンで、さっぱりとした、さわやかな味。黒いタネのプチプチ感がアクセントになる。

●とろけて形がなくなるまで煮る

［材料］キウイフルーツ／適量、砂糖／皮をむいたキウイフルーツの重量の四〇％、レモンまたはカボスのしぼり汁／少々

［でき上がり重量］果実の八〇〜九〇％

［つくり方］①キウイフルーツは皮をむき、ブツ切りにして鍋に入れる。

②半量の砂糖をまぶし、水少々を加えて火にかけ、中火でアクをすくいながら煮る。

③やわらかく煮えたら、残りの砂糖で甘みを調節し、レモンかカボスの汁を加える。

④果実の形がなくなるまでとろけ、照りが出てきたら、でき上がり。

家庭果樹として人気のキウイフルーツ

さわやかな味わいのジャムになる

果肉はエメラルドグリーンが多い

◆ジャムコラム①
贅沢な〝つまみ食い〟

「おっ、これはうまそうだ……」
　山と積まれたリンゴを一つひとつ皮をむき、芯を取り、薄切りしていく。手作業でやっていく、ということは一つひとつのリンゴを全部手にとりながら加工していくわけだ。秋も深くなっていくと、だんだん〝ミツ〟の量もふえてくる。みずみずしいリンゴの中のミツの〝地図〟が目の前に広がる。
　つい手を出したくなる。
　つまみ食いというと、盗み食い的ないい方になるが、やがて煮てジャムにするその前に、それも山と積まれたリンゴのなかからミツの詰まった一番おいしそうなものをつまむのだから、これはすごく贅沢（ぜいたく）なつまみ食いである。
　もちろんリンゴだけではない。ジャムにする季節の果物の一番おいしそうなものを、ちょっと失敬……というわけ。これもジャムづくりの役得だろう。
「はい、おすそ分け……」
　ミツの詰まった、見るからにおいしそうなリンゴを見つけると、その場にいる人たちにも〝おすそ分け〟する。笑顔が返ってくる。これもジャムづくり作業場の楽しい一風景である。
　ところで、
「リンゴのミツはどうしてできるんだ？」
「それ、それ、いい質問」
「秋になるとリンゴの葉は落ちる。木は根から水や養分を吸い上げている。葉があれば、葉を育てる水や養分になるが、それが実のほうにいく。これがミツになる……」
　ミツは樹液が多い。紅玉は酸味と甘さ、それに香りもよくてジャムにするには最適のリンゴだが、ミツのところから悪くなりやすいのが玉にきず。だから手に入れたら生食でもジャムづくりもできるだけお早めに。（池宮健一）

PART II

野生のエキスいっぱいの秘蔵ジャム

♥

つぶらなアカフサスグリの実

◆クロフサスグリジャム

砂糖がハチミツかそれが問題だ

クロフサスグリ（ブラックカーラント）＝ユキノシタ科。ヨーロッパ原産で山地に自生。黒紫色に熟した実を六～七月に採取。

●砂糖の代わりにハチミツを使う

ヨーロッパではジャムの材料としておなじみのブラックカーラント。私はこれをジャムにするときに、砂糖の代わりにハチミツを使っている。

【材料】クロフサスグリ／適量、ハチミツ（または砂糖）／材料のクロフサスグリの重量の四〇～五〇％

【でき上がり重量】果実の七〇～八〇％

【つくり方】①クロフサスグリの粒をつぶさないようさっと洗う。

②水けを切って鍋に入れ、半量のハチミツ（または砂糖）をまぶし、しばらくおく。

③少し果汁が出て水っぽい感じになったら、中火にかける。アクをすくいながら煮る。

④果汁が出て実全体がヒタヒタにつかるようになったら、味見をしながら残りのハチミツ（または砂糖）を入れ、甘みを決める。

⑤軽くとろみがついたら、でき上がり。

●甘みは自分の舌で決める

ジャムをつくるとき、どんな砂糖を使うか、何のハチミツを使うか、いろいろ試してみてはどうだろう。ジャムは果実と糖分をミックスしたものなのだから。

ハチミツを使うときも、分量は砂糖と同じ加減で、材料の果物の重量の何％、という具合でかまわない。果物自体に含まれる糖分もそのつど微妙に違うので、結局は味見をして、自分の舌で決めるのが一番。

黒紫色に熟した実を生かす

砂糖の代わりにハチミツを使用

ヨーロッパではおなじみのクロフサスグリジャム

◆アカフサスグリジャム

ルビーのような真紅の結晶

アカフサスグリ（レッドカーラント）＝ユキノシタ科。山地に自生するほか、庭木として全国で栽培。赤い完熟果を六〜八月に採取。

●三拍子そろった至宝の小果

ルビーのような美しい深紅、ほんのり酸っぱいさわやかな味……。色・味・香りの三拍子が見事にそろった野生の恵み、レッドカーラント。ジャムにするほか、焼酎につけて果実酒にしても美味だ。

［材料］ アカフサスグリ／適量、砂糖／材料のアカフサスグリの重量の四〇〜五〇％

［でき上がり重量］ 果実の六〇％

［つくり方］ ①アカフサスグリは房からはずし、軽く洗って鍋に入れる。

②半量の砂糖をまぶし、しばらくおく。

③果汁がしみ出してきたら中火にかける。

④実がヒタヒタにつかるくらい果汁が出てきたら、味見をしながら残りの砂糖を加え、とろみがつくまで煮て、でき上がり。

●タネが気になるならザルでこす

フサスグリ（カーラント）類のタネは、気になるかならないか、ギリギリくらいの大きさ。ツブツブ感もアクセントだと思う人もいれば、舌ざわりがよくないと思う人もいる。

だから、タネが気になる人は、火にかけて果汁がヒタヒタに上がってきたくらいのところで、いったん火からおろし、ザルを通してざっとこすといい。

果汁が無駄にならないように、木ベラでキュッと押しつけ、しぼるようにしてこす。少少、ザルの目を通るものもあるが、そのあたりは気にしないでいい。

深紅のアカフサスグリジャム

庭先をいろどる珠玉の小果

〝ジャムによし、果実酒によし〟のアカフサスグリ

◆グミジャム

どこか懐かしい甘さと渋み

夏グミ・トウグミ（ビックリグミ）・秋グミ＝グミ科。平地から山地にかけて自生。夏グミ・トウグミは七月、秋グミは十〜十一月に、赤くなった完熟果を採取。

●強火でどんどん水分をとばす

グミには夏グミ・トウグミと秋グミがあるが、「ぼーしやJAM工房」の近所で採れるのは、大粒で渋みが少ない夏グミ。真っ赤できれいな実がたわわに実るさまは、見事なもの。

［材料］ グミ／適量、砂糖／実の重量の五〇〜八〇％、レモンやカボスの汁／少々

［でき上がり重量］ 果実の五〇％

［つくり方］ ①グミを軽く洗い、鍋に入れる。

②半量の砂糖をまぶし、しばらくおく。

③果汁が出てきたら火にかける。色止めのため、レモンやカボスの汁は、早めに入れてもかまわない。初めは中火、果汁が出て実がヒタヒタにつかるようになったら火を強め、アクをすくいながら煮る。

④実がやわらかくなったら、いったん火を止めて、ザルを通してざっとタネをこす。

⑤再び火にかけ、残りの砂糖で甘みを調節する。とろみがついてきたら、でき上がり。

●レモンやカボスで渋みをやわらげる

グミは水分が多いので、ジャムをつくるときは、強火で手早く、どんどん煮詰めたほうがいい。いつまでも煮ていると、果物の風味がとんで、色も悪くなってしまう。

レモンやカボスなどのしぼり汁は、香りづけで、渋みを消す効果があるので、ちょっと渋みがある秋グミを使うときには、入れたほうがいい。

本州中部以南に自生の夏グミ

全国的に分布する秋グミ

長楕円形の果実を結ぶトウグミ

可憐なグミの筒状花

◆クワジャム

赤ワインを思わせる芳香と余韻

ヤマグワ=クワ科。山地に自生。ほかに栽培種が全国に。赤から黒紫色に熟し、甘くなった実を七~八月に採取。

●庭先の恵みでジャムをつくる

家の前にヤマグワの木がある。鳥がタネを運んできたのか、一二年ほど前に自然に生えてきたものだ。このヤマグワには、毎年、粒は小さいけれどたくさんの実がなって、私たちを楽しませてくれる。

ジャムをつくるクワの実は、黒紫色になるくらいよく熟したものがいい。タネは小さくて気にならないから、丸ごと使って大丈夫。

クワの実には真ん中に細い芯がある。私がジャムを煮るときは、この芯は取らないが、これは好みだろうと思う。

一度つくって食べてみて、口先に芯が残るような気がして気になるのなら、手で取り除くといいだろう。

●レモン汁少々で味が引き締まる

[材料] クワ/適量、砂糖/材料のクワの実の重量の四〇~五〇%、レモンまたはカボスのしぼり汁/少々

[でき上がり重量] 果実の七〇~八〇%

[つくり方] ①クワの実をざっと洗い、鍋に入れる。気にならないなら芯は取らない。

②半量の砂糖をまぶし、しばらくおく。

③少し果汁が出てきたら火にかけ、出てくるアクをすくいながら、中火で煮る。

④果汁がヒタヒタに上がってきたら、残りの砂糖で甘みを調節し、レモン汁またはカボス汁を加える。

⑤とろみがついたら、でき上がり。

●野生のエキスいっぱいの秘蔵ジャム

アクをすくいながら、中火で煮る

熟したクワの実を用いる

庭先の恵みヤマグワの手づくり
ジャムは、自家用に生かす

山野の恵みを愛でて味わう

◆キイチゴジャム

モミジイチゴ・カジイチゴ・クマイチゴ・エビガライチゴ＝バラ科。平地〜高山の日当たりのいい荒れ地に自生。七〜八月に、熟し始めの実を採取。

●塩水につけて虫を追い出す

キイチゴの英語名はラズベリー。わりあい見つけやすくて、生食、ジャム、果実酒といろいろ利用できるのがうれしいのだが、残念なことに、虫がつきやすい。だから、山で採るときは、ちょっと若いくらいの実を摘んで、一晩塩水につけてから使う。

熟したものは、さわるとつぶれて果汁がどんどん出てしまう。あまりていねいに洗っても、ポロポロくずれて実がなくなってしまう。もし栽培もので実がきれいなものが手に入ったら、洗わなくてもいいくらいだ。

●タネのツブツブもまた食感なり

［材料］ キイチゴ／適量、砂糖／材料のキイチゴの重量の四〇〜五〇％

［でき上がり重量］ 果実の八〇％

［つくり方］ ①キイチゴはさっと洗い、水けを切って鍋に入れる。

②半量の砂糖をまぶし、しばらくおく。

③果汁が少し出てきたら火にかけ、出てくるアクをすくいながら中火で煮る。

④果汁がヒタヒタに上がってきたら、味見をしながら残りの砂糖で甘さを調節する。

⑤とろみがつくまで煮たら、でき上がり。

タネが気になるなら、ザルでこしてもいいが、タネがないとキイチゴの感じがしないと思う人も多いだろう。赤いジャムの中に浮かんでいる、タネの小さな白い粒がかわいい。

黄色に熟すモミジイチゴ

山地に自生するエビガライチゴ

ほのかな甘さと酸味が特徴

野山の恵みを生かしたキイチゴジャム

◆スグリジャム

あなどれない風味 おいしさ新発見

セイヨウスグリ＝ユキノシタ科。各地で栽培されている。青い未熟果、および黄緑色または赤茶色の熟果を八月に採取。

●生で食べると酸っぱいが……

スグリの実は、生で食べると酸っぱいので、見つけても放っておく人が多いのだが、これがジャムにすると、甘酸っぱくて、なかなかの美味になる。ただし、色が茶色っぽくて、あまりおいしそうに見えないのが残念だ。

スグリには、代表的なものに実が黄緑色に熟するものと、赤茶色に熟するものの二種類がある。かつて、赤茶色になるほうのタイプの木を見つけて、やや熟して茶色みを帯びた実を摘んではジャムをつくっていた。

緑のスグリも同じやり方でジャムにしていいだろう。

実の両端に花茎の残りと針のような軸がついているので、これを取り除くのがけっこう大変。

●実の「掃除」はていねいに

［材料］スグリの実／適量、砂糖／果実の重量の四〇～五〇％

［でき上がり重量］果実の六〇～七〇％

［つくり方］①スグリは花茎の残りと軸を取り、洗って鍋に入れる。タネは取らない。

②半量の砂糖をまぶし、しばらくおく。

③少し果汁がしみ出したところで火にかける。初めはやや弱火、果汁が上がってきたら中火にして、アクをすくいながら煮る。

④火が通って茶色っぽくなってきたら、残りの砂糖で甘みをととのえる。

⑤軽くとろみがついたら、でき上がり。

酸っぱい実をジャムに有効利用

果汁がしみ出してきたら、鍋を火にかける

甘酸っぱさが身上のスグリジャム

◆アサマベリージャム

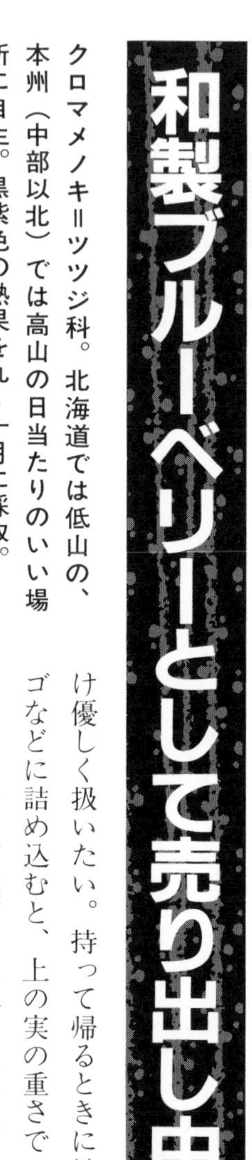

クロマメノキ＝ツツジ科。北海道では低山の、本州（中部以北）では高山の日当たりのいい場所に自生。黒紫色の熟果を九〜十月に採取。

●軽井沢名物・アサマベリー

黒くて丸い実の形がクロマメに似ていることからその名がついたクロマメノキは、ブルーベリーの仲間。味も形もブルーベリーにそっくりで、ジャムはもちろん、生で食べてもジュースにしてもおいしい。

浅間山近隣で採れたものをジャムにして、軽井沢名物「アサマベリー」として売り出してヒットしたので、現在ではむしろ、こちらの名のほうが知られている。

ジャムをつくるには、もちろん、よく熟した実がいい。ただし、熟した実はつぶれやすいので、摘むときも、洗うときも、できるだけ優しく扱いたい。持って帰るときには、カゴなどに詰め込むと、上の実の重さでつぶれてしまうから、浅箱に入れて重ねる。

●つぶさないよう、扱いは優しく

［材料］ クロマメノキの実／適量、砂糖／実の重量の五〇〜六〇％

［でき上がり重量］ 果実の八〇％

［つくり方］ ①実はつぶさないようさっと洗い、鍋に入れる。

②半量の砂糖をまぶし、しばらくおく。

③果汁が少し出てきたところで中火にかけ、アクをすくいながら煮る。

④果汁が全体をおおうくらいまで上がってきたら、残りの砂糖で甘みを調節する。

⑤とろみがついて、全体に軽く照りが出たら、でき上がり。

野生の果実を採取するときには、乱獲を避け、付近の山を荒らさないマナーが肝心だ

形も色もブルーベリーそっくり

粒をつぶさず、色よく仕上げる

◆ヤマブドウジャム

見つける楽しみ、味わう喜び

ヤマブドウ＝ブドウ科。全国の山地に自生。他の樹木に巻きついて育つツル性植物。黒紫色に熟した果実を十月に採取。

●ブドウジャムの要領で

ヤマブドウ採りは楽しい。秋の山を歩き、ツルを見つけてはその先をたどり、房を探す。見つけたとたんに我を忘れる。山の人はダイコンの漬け物の色づけに使うなど、人々になじみの山の幸だ。

もちろんジャムにしてもおいしい。採ったヤマブドウの状態にもよるが、水分が多くて「こんなにたくさん採ったのに、これっぽっち」と悲しくなるほどかさが減る。

火にかけてみて果汁が多いようなら、ブドウジャムと同じ要領で、ザルを通したあとの上澄み液をすくってジュースにし、果肉の多い部分だけでジャムをつくる。こして残った皮に水を加えて煮ればジュースになる。

●やや強めの火で、手早く煮詰める

［材料］ ヤマブドウの実／適量、砂糖／材料のヤマブドウの重量の五〇％

［でき上がり重量］ 果実の四〇～五〇％

［つくり方］ ①ヤマブドウは房からはずし、さっと洗って鍋に入れる。

②半量の砂糖をまぶし、しばらくおく。

③果汁が出てきたら火にかけ、やや強めの火加減で、アクをすくいながら煮る。

④実がやわらかく煮えたら、いったん火からおろし、ザルを通してタネと皮をこす。

⑤再び火にかけ、残りの砂糖で甘みを調節する。やや強めの火で煮詰めて、とろみがついたらでき上がり。

黒く熟していてもかなり酸
っぱいので、1～2日おい
て熟させてから煮るといい
ザルにヘラをこすりつけ、しぼ
るような感じで皮とタネをこす
こしたあと、果汁が多いようなら、おた
まで上澄みのジュースをすくい取り、残
った濃い液を煮詰めてジャムにする

◆サルナシジャム

サルナシ＝サルナシ科。別名コクワ。平地から山地までの林内に自生。黄緑色に熟した果実を、十月に採取。

●野生の風味を楽しむ

ちょっと小形のキウイフルーツのような形をしたサルナシは、他の樹木に巻きついて育つツル性の植物。このツルから出る葉の形と色がきれいで、好きだ。

キウイフルーツに似ているのも道理で、キウイフルーツは、中国原産のシナサルナシをニュージーランドで改良したもの。

味もやはりキウイフルーツに似ているが、やや野生味の勝った芳醇な風味。一説には、猿酒の材料になるとかで、つまり、それほどおいしいのだ。

このサルナシからも、いいジャムができる。ただし、皮が少しかたいので、ザルを通してこしたほうがいいかもしれない。

●ザルを通して皮をこす

[材料] サルナシの実／適量、砂糖／材料のサルナシの重量の五〇％

[でき上がり重量] 果実の五〇～六〇％

[つくり方] ①サルナシはよく洗って丸ごと鍋に入れる。

②半量の砂糖をまぶし、しばらくおく。

③果汁があまり出ないはずなので少し水を加えて中火にかけ、アクをすくいながら煮る。

④やわらかく煮えたら、いったん火からおろして、目のあらいザルを通してこす。

⑤再び火にかけ、味見をしながら残りの砂糖を加えて、甘さを調節する。

⑥少しとろみがついたら、でき上がり。

6～7月、小枝上に香りのある白色の五弁花を開く

サルナシは楕円形、もしくは球形の果実を結ぶ。熟果をジャムに利用

◆ジャムコラム②

山の仲間たちのことを考えて

「俺はこっちのをもらうから、お前さんはそっちのを食べてろよ」

山にヤマブドウやサルナシを採りにいくと、よく鳥や蜂が先に食べているのに出会う。

鳥や普通の蜂なら人間を見ると向こうが逃げるが、〝スズメバチ〟はへたに追ったり、たたいたりすると、かえってこちらに向かってくる、攻撃してくる。刺されどころによっては、こちらの命にかかわるから要注意。

スズメバチに出会ってしまったら、「お先にどうぞ……」といって、こちらがそっと引き下がったほうがいい。

でもおいしいものを食べているときは、普段こわいスズメバチも大変にこやかなものだ。すぐ横に並んでいても相手に危害を加えない限り、相手もこちらを〝お隣さん〟としてつき合ってくれる。

すぐ横に並んで、こちらも食べながらちらっと横を見ると、スズメバチも知らん顔で一生懸命食べている。そんなときのスズメバチの表情の柔和なこと。やはりおいしいものは仲間をつくりますね。

実を探しながら山を歩いていると、熊のふんを見つけることがある。熊も山の実は好きだ。ふんが新しかったらまだ近くにいるという合図。熊は多分〝お隣さん扱い〟はしてくれないから、一刻も早く逃げるにしかず……。

ふんが新しい、古いにかかわらず、これは実行したほうがいい。無理は禁物。こんな場合は、なるべくこちらが大きな音を出して、熊にこちらの存在を知らせるほうがいい。向こうが先に気づけば逃げていってくれる。

山の実採りは、鳥や蜂、熊の食料をこちらも多少いただきます、という気持ちが大切ですね。

（池宮健一）

PART Ⅲ

香り豊かな
変わりジャム＆マーマレード

♥

強い酸味と芳香のあるレモン

◆ルバーブジャム

西洋野菜の技あり個性派ジャム

ルバーブ＝タデ科。シベリア南部原産。日本では生ハーブとして取り扱う。葉はシュウ酸が多い。茎を食べる。旬は六～十月。

●国際村の住人が持ち込んだ味

根元の赤いフキみたいな形をしたルバーブという野菜、最近少しずつ紹介されてきたけれど、まだまだ一般になじみは薄い。

このルバーブ、信濃町では古くから栽培されている。一九二九（昭和四）年、野尻湖畔にできた国際村の住人が近隣の農家に栽培を頼んだことから広まったもの。欧米の人たちはサラダ、スープ、パイなどのお菓子、ジャムと幅広く利用している。私もジャム用に庭で栽培している。

酸っぱくて、スカンポのような味がするが、砂糖と合わせて煮ると、なかなか風味のいいジャムになる。火にかけると、すぐに溶けて形がなくなる。もし、繊維が気になるようなら少し細かく刻んで煮るといい。

●熱ですぐ溶け、ジャムになる

［材料］ ルバーブ／適量、砂糖／材料のルバーブの重量の三〇～四〇％

［でき上がり重量］ 材料の九〇％

［つくり方］ ①ルバーブは根元と葉を切り落として、茎の部分を洗ってざっと切る。なめらかにしたい場合には、薄い輪切りにする。

②鍋に入れ、半量の砂糖と水少々を加えて火にかける。汁がヒタヒタに上がるまでは弱火、汁が上がったら中火。アクがたくさん出るので、すくいながら煮る。

③ルバーブが溶け、アクが出なくなったら、残りの砂糖で甘みを調節して、でき上がり。

庭先にジャム用のルバーブを栽培している

「喫茶店ぼーしや」で人気のルバーブパイ

野尻湖特産のルバーブジャム

◆ルバーブのミックスジャム

イチゴやプルーンを贅沢にミックス

●比率は好みで、果物多め

ルバーブは、砂糖を加えて煮るとすぐに溶け、何に混ぜても相手の味によくなじんでくれる。

欧米でよく見かけるのが、ルバーブと他の果物のミックスジャム。ルバーブだけのジャムより多いくらいだ。なかでもポピュラーなのは、イチゴとルバーブの組み合わせ。

では、ミックスジャムのつくり方。果物とルバーブの比率は好みだが、ルバーブ以外の果物のほうがやや多め。一対一、三対二など、好みで加減してみよう。

［イチゴ&ルバーブジャム］

砂糖／材料の合計重量の三〇～四〇%
でき上がり重量／材料合計の六〇%

［プルーン&ルバーブジャム］

砂糖／材料の合計重量の四〇～五〇%
でき上がり重量／材料合計の九〇%

●果汁が上がったらルバーブを加える

［つくり方］ ①材料の果物は洗い、イチゴはヘタを、プルーンはタネを取って鍋に入れる。

②ルバーブは細かく刻んでおく。

③①に半量の砂糖をまぶしておく。

④果汁が少し出てきたら火にかけ、中火でアクをすくいながら煮る。

⑤果汁が上がってきたら、②を加える。

⑥全体が煮溶けてきたら、残りの砂糖で甘みを調節し、全体がなじんで軽くとろみが出るまで煮る。

プルーン&ルバーブジャムの場合は、好みで仕上がりぎわにレモンかカボスの汁を加えてもいい。

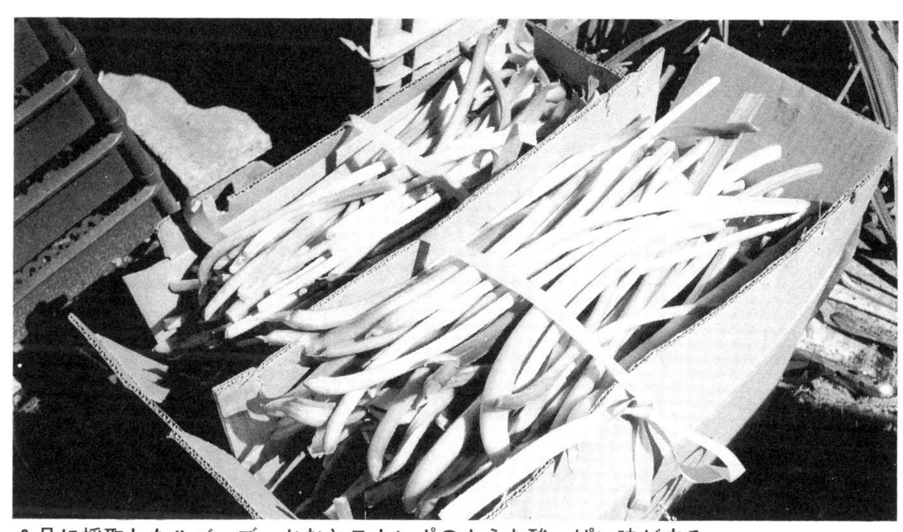

9月に採取したルバーブ。かむとスカンポのような酸っぱい味がする

ルバーブとプルーンのミックスジャム

ルバーブは他の果実と組み合わせ自在

◆トマトのミックスジャム

昭和初期のハイカラレシピを再現

トマト＝ナス科。旬は七〜八月だが、通年出回っている。

●リンゴがトマトの青くささを消す

トマトのジャムもおいしいけれど、おすすめなのはリンゴとのミックスジャム。このつくり方はずいぶん昔からあったと母が家の本棚から見つけてきてくれた本は一九三七（昭和十二）年発行の『主婦の友』の付録「夏の和洋料理千種の作法」。その中に「トマトとりんごの含め煮」という名で登場していた。

私は、近所の農家が育てるトマトを使っている。どのように育てているか知っていて安心。トマトの時期の最後がリンゴの出始めと重なるのだが、トマトの出盛り期に煮詰めて水分をとばしてピューレをつくり、味つけをしないで瓶詰めにしておくと、ジャム用にもトマトソース用にも使えて便利だ。

●トマトは水けをしぼってから煮る

［材料］ 完熟トマトとリンゴ（紅玉）／各同量、砂糖／合計重量の三〇％

［でき上がり重量］ 材料の八〇％

［つくり方］ ①トマトは洗って皮を湯むきし、タネを取り除いてざっと刻む。

②リンゴは皮をむいてくし形に切り、薄切りにして、半量の砂糖をまぶしておく。

③①を鍋に入れ、火にかけて汁が上がってきたら、上澄みのジュースを取り除く。

④❷を加え、中火でアクをすくいながら煮る。

⑤リンゴが透明になり、全体がなじんでトマト色になったら、残りの砂糖で甘みを調節する。軽くとろみがついたら、でき上がり。

トマトはジャムの意外な逸材。完熟果を用いる

トマトとリンゴのミックスジャム

黄色に咲くトマトの花

◆ニンジンジャム

ニンジン＝セリ科。細長い東洋種（京ニンジンなど）と太く短い西洋種がある。通年出回るが、秋〜冬がとくに美味。

●ニンジン嫌いもこれで解消

ジャムは本来、季節が限られ保存の利かない果物類を長期保存するためにつくられていたものだが、砂糖で甘く煮るために、素材のクセがやわらげられるという利点もある。

ニンジンもジャムにすると、独特のくさみが消え食べやすくなる。さっぱりしていてちょっと甘い味。パンに塗ったりデザートに使ったりするだけでなく、肉料理やカレーなどの煮込み料理の隠し味にも使えるので、なかなか便利。

舌ざわりをよりなめらかにするために、やわらかく煮えたところでいったん取り出し、ザルなどでこしてもいいだろう。

●レモンの風味でさわやかに

［材料］ ニンジン／適量、砂糖／ニンジンの重量の四〇％、レモンまたはカボスのしぼり汁／少々

［でき上がり重量］ 材料の七〇〜八〇％

［つくり方］ ①ニンジンは洗って縦に二〜四つ割りし、薄切りにする。

②鍋にニンジンと半量の砂糖を入れ、水少少を加えて火にかけ、中火でアクをすくいながら煮る。

③ニンジンがやわらかく煮くずれてきたら、味見をしながら残りの砂糖を加えて甘みを調節し、レモンかカボスのしぼり汁を加える。

④全体に溶けて、とろみがついてきたら、でき上がり。

カロチン豊富なニンジンをジャムに生かす

ちょっと甘いニンジンジャム。煮込み料理の隠し味にも利用できる

◆キュウリジャム

さっぱりとほの甘い美味の秘密

キュウリ＝ウリ科。通年出回るが、露地ものの旬は七〜八月。手を刺すくらいしっかりしたイボがあり、張りのあるものが新鮮。

●ハチミツで風味とコクをつける

意外なことに、キュウリもなかなかいいジャムになる。さっぱりしていてキュウリ自体には甘みが少ないので、砂糖よりもハチミツを使ったほうが、コクが出ておいしくなるようだ。酸味も少ないので、レモンかカボスのしぼり汁を、ほかのジャムをつくるときよりこころもち多めに入れるのがコツ。

皮がかたくて煮えにくいので、ミキサーかフードプロセッサーにかけるか、すりおろして、ピューレ状にしてから煮ると、なめらかにできる。色よく仕上げるため、やや強めの火加減で、手早く煮上げよう。

●レモンの香りを生かして仕上げる

［材料］ キュウリ／適量、ハチミツ（または砂糖）／キュウリの重量の四〇％、レモンまたはカボスのしぼり汁／少々（やや多め）

［でき上がり重量］ 材料の六〇〜七〇％

［つくり方］ ①キュウリは洗って先端を切り落とす。ざく切りにして、ミキサーかフードプロセッサーにかけてピューレ状にする。または、おろし器ですりおろす。

②鍋に入れ、半量のハチミツ（または砂糖）を加えて火にかける。

③中火で煮てざっとアクを取り、火が通ったら、残りのハチミツ（または砂糖）で甘みを調節し、レモン汁またはカボス汁を加える。

④全体が透明に、とろりとなじんだら、でき上がり。

張りのある新鮮なキュウリをジャムに用いる

ほの甘いキュウリジャムは、意外性のある逸品

◆ナツミカンマーマレード

ナツミカン＝ミカン科。旬は一～六月。ワックスがけをしていない無農薬のものが、生協や自然食品店で手に入る。

●皮を茹でこぼして苦みを除く

［材料］ナツミカン／適量、砂糖またはハチミツ／ナツミカンの重量の四〇％

［でき上がり重量］果実の七〇％

［つくり方］①ナツミカンはよく洗って二つ割りし、果汁をしぼる。タネは除いておく。

②皮の内側をスプーンでくり抜くようにして袋とスジを除く。袋の外側の白い部分を残した皮を食べやすい大きさに切り、さらに一～二㎜厚さにスライスする。

③❷をヒタヒタの水につけ、一晩おく。

④翌日、❸の水けを切って鍋に入れ、たっぷりの水を加えて火にかけ、沸騰したら湯を捨て、茹でこぼす。これを二回繰り返す。

⑤❶の果汁を鍋に入れ、茹でこぼした皮と半量の砂糖またはハチミツを加えて中火にかけ、アクをすくいながら煮る。できるだけ鍋の中にさわらないで、鍋をこまめに揺するように。

⑥皮が煮えて透き通ってきたら、残りの砂糖またはハチミツで甘さを加減する。

⑦全体がとろりとしてきたら、でき上がり。

●マーマレードはハチミツがうまい

私はハチミツを使ってマーマレードをつくるのが好きだ。ほんのりハチミツの味と香りが残って、風味豊かでいい。甘みを決めるには、砂糖、ハチミツ、メイプルシロップといろいろあるけれども、それぞれに味が異なる。いくつか試してみてはどうだろう。

日本の味ナツミカンマーマレード

無農薬のナツミカンや甘夏を求める

塩味のクラッカーにのせて食べる

◆カボスマーマレード

さっぱり風味にほろ苦さがアクセント

カボス＝ミカン科。大分県特産で、成熟すると鮮黄色になるが、酸味と香りが減少するので、通常は緑果で出荷する。旬は八〜十月。

●無農薬のカボスを使う

ほかではあまり見かけないけれど、カボスはいいマーマレードになる。

大分県に住む友人が、カボスを無農薬で育てていた。そんなこともあってマーマレード以外にレモンの代わりにも利用した。この他、沖縄のシークヮーサー（ヒラミレモン）や徳島県のスダチもそれぞれ少しずつ個性があるが同じように使っている。ライムが手に入る方は、ライムもまたいい香酸柑橘類だ。

カボスの皮はナツミカンより苦みが強いので、きちんと茹でこぼしをするのが、おいしくつくるコツ。

●皮は三回茹でこぼして苦みを抜く

［材料］ カボス／適量、砂糖またはハチミツ／カボスの重量の四〇％

［でき上がり重量］ 果実の七〇％

［つくり方］ ①カボスはよく洗って二つ割りし、果汁をしぼる。タネは除いておく。

②皮は袋とスジを取り、食べやすい大きさに薄切り。ヒタヒタの水につけ、一晩おく。

③翌日、②の水けを切って鍋に入れ、たっぷりの水で三回茹でこぼす。

④①の果汁を鍋に入れ、茹でこぼした皮と半量の砂糖またはハチミツを加えて火にかけ、中火でアクをすくいながら煮る。

⑤皮が煮えて透き通ってきたら、残りの砂糖またはハチミツで甘さを加減する。とろりとして全体に照りが出てきたら、でき上がり。

無農薬のカボス

さっぱり風味のカボスマーマレード

カボスマーマレードは意外な逸品

◆ユズマーマレード

和風マーマレードは香りで勝負

ユズ＝ミカン科。未熟の青ユズが八月から出回り、熟した黄ユズの旬は十一月。果皮がしっかりしていて、光沢があるものが新鮮。

●茹でこぼしを控えて香りを生かす

ユズは香りを楽しむ果物。マーマレードづくりでは、通常、皮の苦みを抜くため水にさらし、二～三回茹でこぼすのだが、それだと苦みと同時に香りもずいぶんとんでしまう。

ユズの香りを生かすには、水さらしだけで、茹でこぼしはしないほうがいいくらいかもしれない。苦みが苦手の場合は、一回だけ、さっと茹でこぼしてつくればいい。

●手早く煮上げて香りを逃さない

[材料] ユズ／適量、砂糖またはハチミツ／ユズの重量の四〇％

[でき上がり重量] 果実の七〇％

[つくり方] ①ユズはよく洗って二つ割りし、果汁をしぼる。タネは除く。

②皮から袋とスジを除く。袋の外側の白い部分は残しておく。これを食べやすい大きさに切り、さらに一～二㎜厚さにスライスする。

③❷をヒタヒタの水につけ、一晩おく。苦みが気になるなら、翌日、一回茹でこぼす。

④❶でとっておいた果汁を鍋に入れ、❸の皮と半量の砂糖またはハチミツを加えて火にかけ、中火でアクをすくいながら煮る。できるだけ鍋の中にさわらないで、鍋をこまめに揺するように。

⑤皮が煮えて透き通ってきたら、残りの砂糖またはハチミツで甘さを加減する。

⑥とろりとして全体に照りが出てきたら、でき上がり。

熟して色づき、香りも
深まった黄ユズを使う
苦みとアクを抜くため、一晩水にさ
らす。香りを生かすため、茹でこぼ
しはしないか、やっても1回だけ
焦げつきやすいので、鍋
を揺すりながら煮る。全
体が透明になり照りが出
てきたら、ヘラで鍋底を
返して火を止める

◆ジャムコラム③
ルバーブの不思議

「煮込んだほうがうまさが出る」

何げなくそういったのは、山本直文さんである。

大きな葉、長い茎、見るからに元気そうな太くとずんぐりした新芽。しかし、どうにもその姿から、やわらかいとか、しっとりしてしみわたるようなおいしさといったイメージは浮かんでこない。

ジャムにしてもクッキー、パイ、パウンドケーキやジュース、スープ、もちろんサラダに入れて生食でもいい……ｅｔｃ。ルバーブは不思議なおいしさを隠した不思議な植物である。その味を知ると風格さえ感じる。

生まれはシベリアだが、メニューはいわばヨーロッパ生まれ。寒冷地の植物だけに暑さを嫌う。事実二四℃以上では育ちが悪い。

妙なことで知り合った山本直文さんは、もう亡くなられたが、生前〝直文会〟という食味の会をつくり、世界の味を日本に紹介した人で、とくにフランス料理では何冊もの著作がある。一流コックさんや食通の人なら知らない人はいない、というほどの人でもある。

野尻湖には国際村というのがあるから、ヨーロッパの人々からルバーブの加工法を聞き、怖いもの知らずとはこういうことをいうのだろう、当時山本さんが住んでいた軽井沢に出かけていってジャムの味をみてもらった。

その山本さんから合格点をもらったとき、ふと山本さんがつぶやいたのが冒頭の言葉である。

煮込むと緑から黄、茶と変わり濃茶になる。人様におくるときは多少薄めの茶――このほうが色合いはいい。自宅用は色より味、よく煮込む――これがルバーブジャムをつくるときの一つの心得というところか。（池宮健一）

PART Ⅳ

ジャムのつくり方・楽しみ方のコツ

♥

「ぼーしや JAM 工房」製ジャムいろいろ

◆ジャムの種類

ジャムとゼリーとマーマレード

●ジャム

一般には、果肉に砂糖を加えて煮詰めたものが「ジャム」。

英語のJamには「押しつぶす」という意味がある。つまり、厳密にいえば、果実をつぶして形がなくなったピューレに砂糖を加えて煮込んだのが「ジャム」。

これに対して、果物の形をそのまま残すように煮たものは「プレザーブ（preserve）」。これは、「保存する」「砂糖煮にする」という意味。

●ゼリー（ジュレ）

日本では一般に、ゼラチンで固めたデザートを「ゼリー」というが、ヨーロッパの伝統的な保存食には、果汁に砂糖を加えて煮詰め、ペクチンの働きで固めた「ゼリー（ジュレ）」というものがある。

パンに塗るなど、ジャムと同じように食べられるので、ちょっと変わり種のジャムといっていいだろう。実が小さくてタネが多いものは、しばしばこの「ゼリー」にされる。

●マーマレード

現在では、柑橘類の皮と果汁に砂糖を加えて煮詰めたものを「マーマレード」といっているが、もともとは、カリンに似たマルメロという生食に不向きな果物を砂糖かハチミツで煮たものが語源らしく、ゼリーに果皮を加えたものを指していたらしい。

一七九〇年ごろ、スコットランドで生まれたオレンジマーマレードが好評で、これが他を圧倒し、この名は定着する。現在もイギリスの朝食には欠かせない品になっている。

もっとも親しまれているイチゴジャム

ナツミカンマーマレード

ペクチンの働きで固めたゼリー

◆ジャムの歴史

果物の少ない冬に備えた保存食

●ヨーロッパで生まれたジャム

ジャムは果物に乏しい北ヨーロッパで保存食として発展した。そもそも、その歴史は紀元前にまでさかのぼり、砂糖が貴重品だった時代には王侯貴族の贅沢品だったのだが、砂糖が普及するにつれ、一般家庭に広まって、果物のない冬にも食べられる貯蔵食品としてつくられるようになった。

日本でジャムがつくられるようになったのは、明治初期のこと。あんパンの元祖「銀座木村屋」が一九〇〇（明治三十三）年にイギリス製のアンズジャムを入れた「ジャミパン」という商品を売り出してヒットしたことも、ジャムの普及に一役かっている。

大正時代には、ジャム用のイシガキイチゴの栽培が始まり、ジャムは徐々に日本人になじんでいくのだが、広く一般家庭にまで浸透したのは、第二次世界大戦後、食生活全般の洋風化が進むにつれてのことだから、意外に最近の話。

●「ジャム」と呼ばれるための条件

日本ではジャムづくりの歴史が浅いこともあり、ジャムとは単に果実類を砂糖で煮たものだと思われている感があるが、実は、とろりと「ゼリー化」した状態になって初めてジャムと呼ばれるようになる。

この「ゼリー化」という現象は、果実に含まれる食物繊維のペクチンが、糖と酸の働きにより、とろみを持った物質に変わることによって起こる。ジャムの風味は甘さと酸っぱみのバランスが決め手だが、それが直接とろみに関係しているのはおもしろいことだ。

ジャムの普及に一役かったアンズジャム

もともとジャムは果物が少ない時期に備えた保存食

◆ペクチンの効用

ペクチンはジャムのとろみの素

●ジャムにしやすい果物

果物にはジャムになりやすい果物と、なりにくい果物がある。ペクチンの含有量は果物によって違うし、ある程度の酸味がないと、ペクチンがゼリー化しにくいためだ。

ペクチンと酸が多くジャムづくりに向くのは、レモンやオレンジなどの柑橘類、リンゴ(紅玉などの酸っぱいもの)、アンズ、グミ、プラムなど。

イチジクやモモ、バナナ、甘いリンゴなどは、ペクチンは多くても酸味が少なくてゼリー化しにくい。そのため、レモン汁などで酸を補うと、いいジャムになる。

ジャムに不向きなのは、ナシ、カキ。ペクチンも酸も少なく、風味も弱いので、レモン汁を加えると果物自体の味が消えてしまう。

●ペクチンの不足を補うには

もっとも、たいていの果物にはペクチンが含まれているので、少々ゆるめでもそれなりにゼリー化するので、家庭で実際にジャムづくりをする場合には、あまり難しく考えなくともいい。

柑橘類の皮や袋には、ペクチンがたくさん含まれているので、ペクチンの少ない果物でジャムをつくるときには、柑橘類の皮を刻んで混ぜると、うまくできる。ただし、果物の皮には農薬やワックスの心配があるので、安心できるものを使うよう心がけたい。

また、デパートなどの製菓材料コーナー、香辛料コーナーでは、粉末のペクチンが市販されているので、これを加えてもいい。三〇～四〇g入りで四〇〇～五〇〇円程度だ。

ジャムにしやすい果物グループに入るアンズ

野山に自生するグミもジャムに適した小果

◆果物の求め方

●完熟果にはペクチンが多い

ジャムのとろみの素・ペクチンは、果物の熟し具合とも密接な関係がある。

ペクチンは未熟な果物の中ではプロトペクチンという形で含まれている。果物が熟するにつれ、このプロトペクチンがペクチンに変わり、熟しすぎると、さらに、ペクチン酸という物質になる。

このうち、砂糖を加えて過熱するとゼリー化するのはペクチンだけで、プロトペクチンやペクチン酸はゼリー化しない。つまり、未熟や熟しすぎの果物だけでは、ジャムはできない。

したがって、ジャムをつくるのに一番いいのは、完熟したとき。食べておいしいときが、ジャムのつくりどきなのだ。

●旬の新鮮な素材が一番

さらに、大切なのは、旬の新鮮な素材を使うこと。

果物や野菜が自然な状態で完熟する時期が旬。値段も安いので、ジャムにぴったりの材料が、手軽にたくさん手に入る。なによりも、果物自体の味がしっかりしているから、おいしいジャムができる。

ただ、私は実際にジャムをつくるとき、完熟したものだけを選んで未熟なものをはずす、というようなことはしない。旬の新鮮な素材なら、ほとんど完熟状態でペクチンの量は十分だから、少しぐらい未熟なものが交じっていたところで、でき上がりに影響はない。それより、完熟もやや熟も未熟も交じった自然のままの状態でいいという気がする。

ブルーベリーの完熟果

ウメの熟果もジャムの逸材

イチジクの収穫果

◆砂糖の求め方

●サトウキビの味の「黒砂糖」

世間では、ジャムづくりには純度の高いグラニュー糖、または上白糖がいいといわれている。あるとき、白砂糖は体に悪いと人からいわれた。私たちは困った。製糖工場へ見学に行き、生協で話を聞き、何冊も本を調べた。はっきりした答えは見いだせなかったけれど、「黒砂糖」を教えられた。食べてみるとサトウキビの味がする。昔働いた沖縄のサトウキビ畑のキビの味がした。私たちはすっかりこれが気に入って、それからずっとこの砂糖を使っている。

「ぼーしやJAM工房」では東京の自然食品問屋から送ってもらっているけれど、それ以外でも、同種のものが自然食品店で手に入るので、興味のある方は試してみてほしい。

●甘みが強いヤマザクラのハチミツ

また、材料によっては、砂糖ではなくて、ハチミツのほうがいいジャムもある。

私は養蜂業をやっている知人からヤマザクラのハチミツを分けてもらって、ナツミカンやカボスなどのマーマレードやクロフサスグリ（ブラックカーラント）のジャムをつくるときなどに使っている。ヤマザクラのハチミツは、色が濃く甘みが強いし、香りも強い。

これでジャムを煮ると、一緒に仕事をしている上村好子さんが「酔っぱらいそう」というほど甘い香りが部屋中にあふれる。

砂糖を使うかハチミツにするかは、それぞれの好みだろう。また、ハチミツは花によって味が違う。自分の好きな味のハチミツを見つけてはいかがだろう。

自然食品問屋から入手する粗製糖の「黒砂糖」

ヤマザクラのハチミツ

「黒砂糖」は種子島(鹿児島県)特産

◆道具のそろえ方

あると便利な道具いろいろ

●家庭の台所にある道具で十分

ステンレスかホウロウの厚手鍋……ジャムを煮るとき、果物の酸で金属がとけ出す心配があるので、アルミ鍋は避けたほうが無難。ホウロウ製は、傷のないものを選ぶこと。

木じゃくし……ごはん用のしゃもじでもいいが、柄が長く、先が平たい木じゃくしのほうが、鍋底をうまくかき混ぜることができる。

ボウルとザル……果物を洗って水切りをするときに必要。皮やタネをこすときに使うザルは、竹だと色がつくので、プラスチックかステンレス製のほうがいい。

はかり……砂糖の分量の目安を決めるため、煮る前の果物の重さを量るときに使う。

レードル（おたま）……先が細くなっているもののほうが、瓶に注ぎやすくて便利。

スノコか餅網……保存用に脱気殺菌するとき、ジャムを入れた瓶を煮るのだが、このとき、鍋の底にスノコか餅網を敷くと、瓶が揺れにくく、湯が対流してうまくできる。

●あると便利な道具

皮むき器……大量の果物の皮をむくときには、包丁より皮むき器を使ったほうが楽。リンゴ用など、専用の便利器具もある。

糖度計……どんな状態の果物でも、一定の糖度のジャムをつくることができる。

瓶用じょうご……瓶の口にはめる注ぎ口の広いじょうごがあると、瓶詰め作業が楽。私たちは手製とドイツ製のものを使っている。

もし、海外旅行に行かれたら、スーパーや台所用品店をのぞいてみてはいかがだろう。おもしろい道具が見つかるかもしれない。

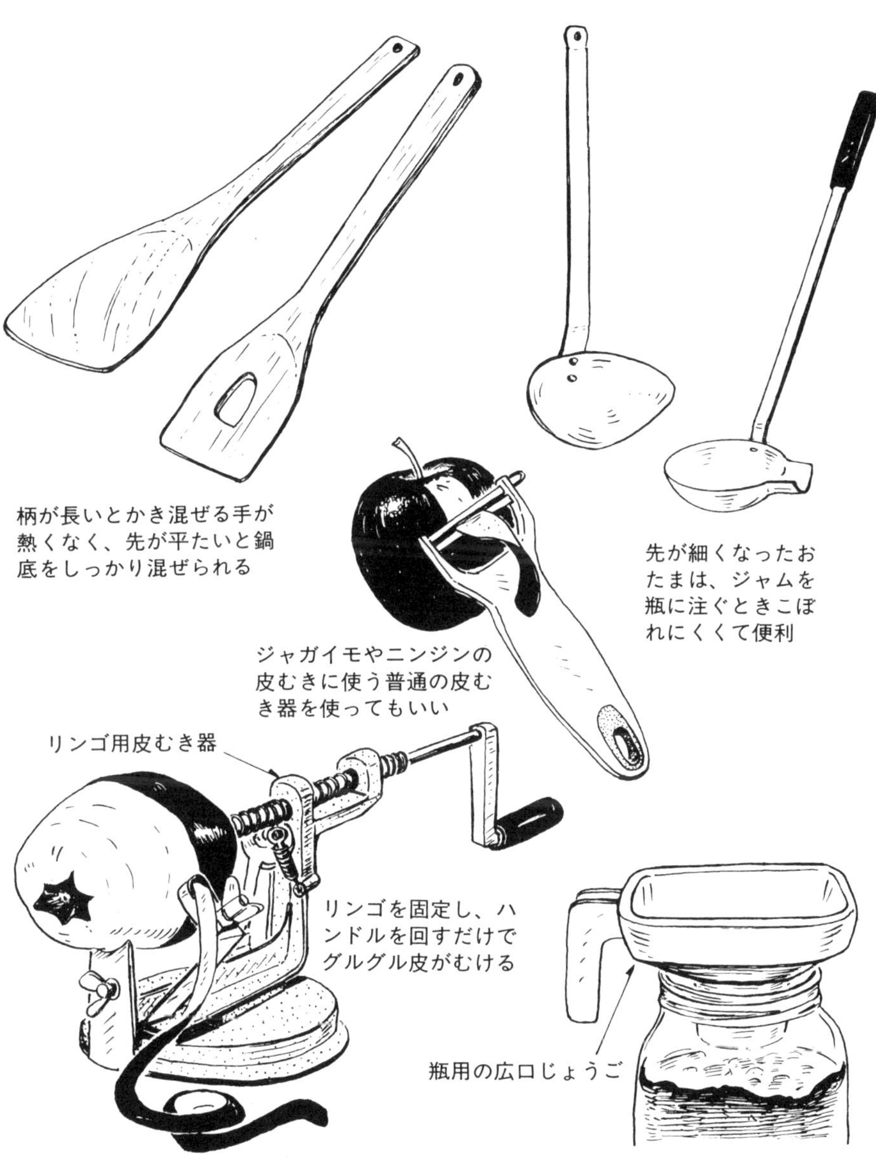
柄が長いとかき混ぜる手が
熱くなく、先が平たいと鍋
底をしっかり混ぜられる
先が細くなったお
たまは、ジャムを
瓶に注ぐときこぼ
れにくくて便利
ジャガイモやニンジンの
皮むきに使う普通の皮む
き器を使ってもいい
リンゴ用皮むき器
リンゴを固定し、ハ
ンドルを回すだけで
グルグル皮がむける
瓶用の広口じょうご

◆容器のそろえ方

耐熱性の密閉瓶いろいろ

●ジャムの保存には耐熱性の密閉瓶

でき上がったジャムを保存するには、密閉できる瓶に入れて脱気殺菌(100頁参照)するか、ビニール袋などに入れて冷凍する。糖分控えめでつくったジャムは、冷蔵庫に入れても二週間くらいしかもたないからだ。

そこで、保存用の瓶の選び方だが、脱気殺菌するために瓶ごと煮るので、耐熱性で、きちんと密閉できることが条件。大きさは、家族の人数や一度に食べる量にもよるが、フタを開けて二週間以内に食べきれる量が目安。二人家族で一五〇g用の小瓶、三~四人家族なら三〇〇g用の中瓶が手ごろだろう。

市販の密閉瓶には、フタがネジ式のもの、金具で固定するタイプのものなどがあり、サイズも各種そろっている。ジャムを詰めたり取り出したりしやすいよう、広口のものを選ぶこと。耐熱性で「ジャム用」と書いてあるものなら万全。

●市販の瓶の再利用

市販のジャムや瓶詰めの瓶は、ほとんど全部、耐熱性の密閉瓶。これを再利用したい場合には、フタのライニング(内側のやわらかいゴムのような部分)を確認する。ライニングが老化していると密閉度が落ちるので、手でさわって弾力を確かめてみよう。ライニングがゆがんでいる場合は、一度熱湯で煮て、元にもどるようなら大丈夫だ。

一度開けたときにフタがゆがんでしまったもの、ライニングの変形がもどらないものは、いくらきつくしめても密閉しないので、使わないこと。

市販の瓶を再利用するときは、フタが変形していないか、ライニングがしっかりしているかをチェックする

金具で留めるタイプの保存瓶は、パッキングの替えが市販されているかどうか確認してから買ったほうがいい

ラベルの効用とラッピングのポイント

◆ラベル&ラッピングの方法

●ラベルの日付で旬を知る

ジャムをつくったら、たとえ自家用でも、ちょっとしたラベルをつくって貼ることをおすすめする。

面倒なことはない。

紙を適当な大きさに切り、材料とつくった日付、砂糖の種類と量（糖度）を書いて、のりをつけて瓶に貼る。

これは、次の年、またジャムをつくるとき、いい資料になる。

前年のジャムの日付の日が近づいてきたら、「ああ、また○○の季節だな、またジャムをつくろう」と思うし、「去年のジャムはちょっと甘すぎたから、少し砂糖を控えてみよう」とか、「今度はハチミツを使ってみよう」とかのアイデアもわく。

食べ終わったジャムの瓶のラベルをはがし、ノートに貼って、感想をメモしておくと、自分だけのジャム歳時記ができる。

●プレゼント用ラッピングのヒント

自家製ジャムをプレゼントするときの、私たちのラッピングの一つを紹介しよう。

用意するものは、はぎれ（無地でも、チェックでも。プリント柄もかわいい）と、細いリボン、ピンキングばさみ。

ピンキングばさみを使って、はぎれをフタの直径より一回り大きな正方形に切る。これをジャムの瓶のフタにかぶせ、リボンで結ぶ。おしゃれな帽子のでき上がりだ。

きれいにかぶせるのが難しいときには、先に輪ゴムで留めて形を整えてからリボンを結ぶと簡単にできる。

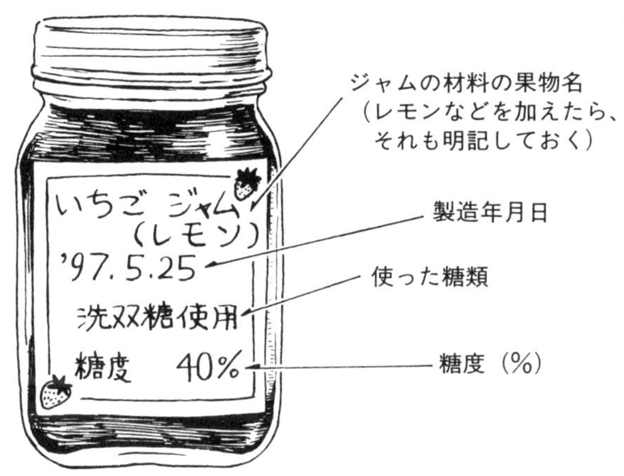

自家用ジャムでも必ずラベルを貼っておくと、翌年の旬の目安になる

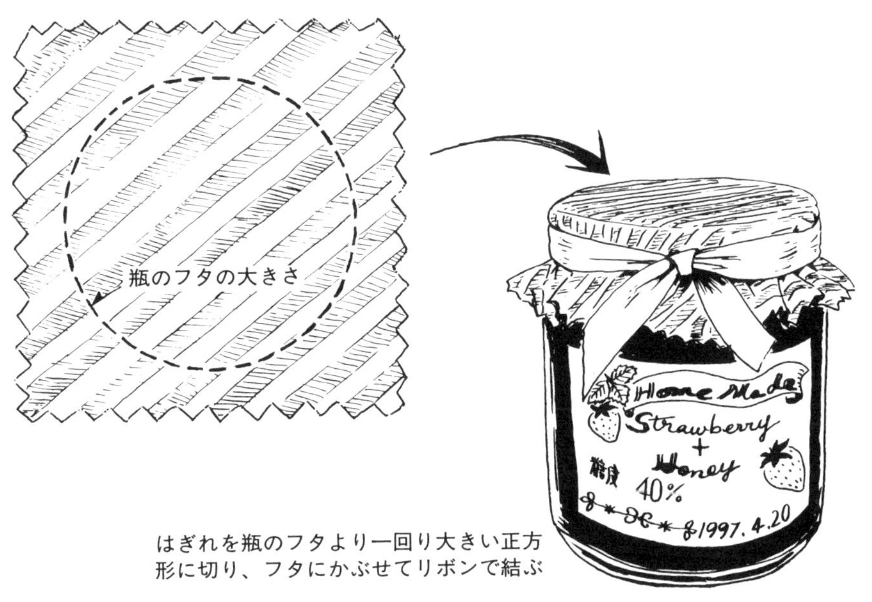

はぎれを瓶のフタより一回り大きい正方形に切り、フタにかぶせてリボンで結ぶ

◆ジャムのつくり方①

●甘さは自分の舌で決める

「ぼーしやＪＡＭ工房」のジャムの糖度は、四〇～五〇％のものが多い。素材のフレッシュな味が生きて、ジャム独特の味わいも感じられる割合だと思っている。

同じ果物でも、そのときの状態で糖度が違う。その微妙な違いは、加える砂糖の量で加減する。私は糖度計を使っているのだが、それがない場合、一番信頼できるのは、自分の舌。最初は砂糖を少なめに入れ、あとで味見をしながら調整する。ただし、あまりぐずぐずしていると、砂糖がうまくなじまないで、砂糖自体の味が残ってしまうから要注意。

煮る時間は鍋の大きさにもよるが、火をつけてから二〇～三〇分が目安。長く煮すぎると、色が悪くなり、風味もとんでしまう。

●ジャムづくりの基本手順

①材料を洗う。大きいもの、かたいものは煮えやすいようにスライスする。

②鍋に入れ、半量の砂糖をまぶし、果汁が出るまでしばらく待つ。砂糖を半分残しておくのは、あとで甘みを調整するためだ。

③果汁が出てきたら火にかけ、アクをすくいながら煮る。火加減は中火が基本。果汁の多いものは火を強くして早く水分をとばす。初めにあまり汁が出てこないものは、水分が出てくるまで弱火で、焦がさないように。

④材料に火が通ったら、味見をしながら残りの砂糖で甘みをととのえる。レモン汁などを加える場合はここで。

⑤全体がなじみ、とろみがついたら、でき上がり。

プレザーブ・ジャムづくりの手順

材料を水で洗い、水けを切る

⇩ （傷んでいるところは取り除く。大きいもの、かたいものはスライスする）

鍋に入れ、分量の半分の砂糖をまぶす

⇩ （果汁がしみ出るまで、しばらくおいて待つ）

アクをすくいながら中火で20～30分、煮る

⇩ （初めに果汁が出てこないものは、果汁が出てくるまで弱火で焦がさないように煮る）

残りの砂糖を加え、甘みをととのえる

⇩ （酸味が少ないときは、レモン汁などを加える）

全体に味がなじみ、とろみがついたら完成

◆ジャムのつくり方②

プレザーブ・ジャムづくりのコツいろいろ

●**新鮮でよく熟した材料を選ぶ**

糖度を控えたジャムは、素材の味がそのまま出る。旬で太陽の光をよく浴びた露地もの、完熟しているものを選ぶ。

もしできれば、無農薬や低農薬の果実であるといい。

●**できるだけ刃物を当てない**

ナイフで切ると、切り口がかたくなるような気がする。手でやったほうが、とろりとうまく煮える。だから、ナイフはあまり使いたくない。

●**短時間で、手早く煮上げる**

煮る時間が長ければ長いほど、味と香りがとんでしまう。

火加減は中火が基本だが、水分の多い材料のときは、火を少し強めにして、どんどん水分をとばすこと。逆に水分の少ない材料では、焦げつきやすいので、初めはやや弱火、水分が十分に上がったところで中火にする。

また、あまりかき混ぜすぎると色が濁るので、水分があるうちは、鍋底を揺する程度であまり鍋の中にさわらない。かき混ぜるときは、鍋底をすくうような感じでゆっくりと。

●**アクが出たら、そのつどすくう**

煮始めと砂糖を加えたとき、レモンやカボスの汁を加えたときにはアクが出るので、そのつど、面倒くさがらずにすくおう。

●**ちょっとゆるめで火を止める**

鍋の中ではゆるゆるでも、冷えるとかたくなるから、少しゆるいかなという程度で火からおろす。泡が細かくなり、たらしてみるととろりという状態になったらＯＫ。

イチゴジャムは、粒の形を生かしたプレザーブがおすすめ

店頭をにぎわす完熟果いろいろ。素材の持ち味を生かしたい

◆瓶詰めの方法

長期保存ができる脱気殺菌のコツ

●ジャムづくりと同時進行で

砂糖には防腐効果があって、糖度五〇％でたいていの菌の増殖は抑えられる。

だが、糖度の低いジャムのときは、砂糖だけでは完全な防腐効果を期待することはできない。そこで、つくって二週間以内に食べきるつもりのものは別として、それ以上保存したいときには、脱気殺菌が必要になる。

これが完全にできれば、どんなに薄味でも、一年くらいはゆうにもつ。一番手軽で簡単な方法をご紹介しよう。ジャムづくりと同時進行で行うのがコツだ。

●熱い瓶に熱いジャムを詰める

①保存用の瓶とフタ（耐熱性のもの）を鍋に入れ、水を注いで火にかけ、沸騰させて煮沸消毒する。このとき、鍋底にスノコか餅網を敷いておくと、すべりにくく、水の対流効率もいい。

②ジャムが煮上がる少し前に瓶とフタを取り出し、水けを切る。熱いのですぐ乾く。

③ジャムができたら、熱いうちに熱い瓶の肩口まで詰める。トントンと揺すって、すき間の空気を出す。

④フタをギュッとしめ、①の鍋にもどして、強火にかける。湯は瓶の半分くらいの高さまであればいい。沸騰した蒸気で全体が殺菌される。

⑤二〇～三〇分煮て火からおろし、鍋ごと流しに持っていって、水道水をチョロチョロと細く流しながら当てて冷ます。すっかり冷めたとき、瓶のフタがややへこんでいれば成功だ。

鍋底に餅網かスノコを敷き、水は瓶
が半分つかる程度。フタをして強火。
蒸気で蒸す感じで20〜30分煮る

鍋ごと流しに運んで、水をチョロチョロ
当てながら、できるだけ素早く冷ます

冷えたとき、瓶のフタが
少しへこんでいればOK

◆ジャムの楽しみ方①

のせて、かけて、手軽なデザートソース

●アイスクリームやヨーグルトに

ジャムにはパンに塗って食べるほかにも、いろいろな楽しみ方がある。

一番簡単なのは、アイスクリームやヨーグルト、ケーキなど、デザートのソースとして使う方法。

ベースにするのはバニラアイスやヨーグルト、甘さ控えめのシンプルなケーキなど。砂糖の入っていないプレーンヨーグルトには甘めのジャムが、糖分のあるアイスクリームやケーキには、ちょっと酸っぱいジャムがよく合う。

アメリカやカナダでは甘いデザートを好む人が多い。ケーキにアイスクリームをのせたり、ジャムをたっぷりかけたりなどして食べる。それだとボリュームがありすぎると思う人には、少し軽めにアレンジして、シフォンケーキにアイスクリームを添え、ちょっと酸味のあるジャムをかけたもの。こんな感じでどうだろう。

●リキュールでしゃれた香りをプラス

ジャムをデザートソースとして使う場合のポイントは、とろみの加減。

「ぼーしやJAM工房」のジャムはペクチンを入れないので、たいてい少しゆるめにできるから、そのままかけてちょうどいいくらいだが、もしかたいようなら、お湯少々を加えてのばしてもいい。

このとき、リキュールやブランデーなどをふりかけても、香り高いソースになる。イチゴジャムにはキルシュが、ルバーブジャムにはラム酒がよく合うようだ。

シンプルなバニラアイスに好みのジャムをかけて、フルーツソースに

プレーンヨーグルトの甘みに。ヨーグルトが酸っぱいので、甘めのジャムがよく合う

ケーキとアイスクリームとジャムはデザートの黄金トリオ。ホイップクリームを使ってもおいしい

◆ジャムの楽しみ方②

ジャム入り紅茶のロシアンティー

●紅茶とジャムの相性は

紅茶にジャムを入れて飲むロシアンティーは、香りよく、体を温めてくれる。

十八～十九世紀のロシアでは、「サモワール」という大きな湯沸かし器でお湯を沸かし、紅茶を楽しんでいた。サモワールの中には円筒形の金属製ボイラーがあり、ここにシラカバなどの薪を入れて、一日中湯を沸かし、同時に部屋を暖めるようになっていた。

ロシア式紅茶は、茶葉と湯をティーポットに入れたあと、サモワールの最上部の受け皿にのせ、立ちのぼる蒸気で紅茶を煮立てるのが特徴。

●香りを楽しみ、体を温める

もっとも、ロシア式紅茶も、もともとは砂糖のかたまりを口の中に入れ、ストレートティーを味わうものだったらしい。その後、小皿に入れたジャムやマーマレードを添えて「お茶請け」にするようになった。

ジャムを紅茶と混ぜて飲む習慣は、主として農村部で始まったようで、手間を省いたロシア版「おふくろの味」といったところなのだろう。甘いものでエネルギーを補給し体を温める、寒い土地に伝わる知恵だ。

兄夫婦と母がやっている野尻湖畔の「喫茶店ぼーしや」では、ジャムティーというメニューを出していて、これには、イチゴジャムかマーマレードを使っている。また、東京の一部の紅茶専門店などでは、「ぼーしやＪＡＭ工房」のジャムを、紅茶専門店の選んだジャムとして、紅茶とセットで販売していただいている。

かつての
サモワール
ハチミツ
サモワールは、今
日では電気式のも
のが実用品として
使われている
ジャム、マーマレードのほか
ハチミツを入れてもいい
ジャムの香りが紅茶と一緒に広
がり、飲むと体の芯まで温まる

◆ジャムの楽しみ方③

ジャムトーストの隠し味はマヨネーズ

●ジャムを塗ってからトースト

ジャムトーストといえば、ホテルの朝食や喫茶店のモーニングサービスなどでお目にかかることが多い。

かつて格式の高い一部のホテルでは、トーストに使うジャムを陶やガラス製のジャムポットに入れてセットしていたものだが、近ごろでは使いきりのミニ容器が主流である。

さて、トーストにジャムというごく当たり前の組み合わせも、ちょっとしたくふうで、おいしさが格段に違ってくる。

「喫茶店ぼーしや」のジャムトーストは、ちょっと変わっていて、パンにジャムを塗ってからトーストする。よそとはひと味違う。

「おいしいジャムトーストをつくるコツは、おいしいパンとおいしいジャムを使うこと」と母はいう。

母が焼いているパンはケーキとともに「喫茶店ぼーしや」の味としてとても好評で、ファンが多い。

●隠し味はマヨネーズ

さてそんなジャムトーストは、隠し味にマヨネーズを使っている。

トーストする前のパンに、まずバターを塗る。次にマヨネーズ、その上にジャムを塗る。ジャムは一種類でもいいが、たとえばリンゴとブルーベリーなど、色合いと酸味・風味がちょっと違うものを半分ずつ塗って、二色トーストにすると楽しい。

これを予熱しておいたオーブントースターに入れ、パンの香りが立って、ジャムの表面に薄く焼き色がつく程度に軽く焼く。

パン、バター、マヨネーズ、ジャムの順。マヨネーズは隠し味なので、ごく薄く塗ったほうが、ジャムの風味が生きる

オーブントースターで軽く焼けば、喫茶店ぽーしや特製ジャムトーストのでき上がり。リンゴとブルーベリーの２色トーストが定番だ

◆ジャムの楽しみ方④

ジャムを使ったカナッペ&ケーキ

●ジャムカナッペ

ティータイムの友におすすめなのは、ジャムをクラッカーやパンに塗ったり、のせたりするだけで手軽にできるカナッペ。

ジャムは何でもお好みで。さっぱりした野菜のジャムなんかもなかなかいい。ジャムはチーズと相性がいいので、クリームチーズやカッテージチーズと組み合わせると、さらにおいしくなる。

パンを使うときには、食べやすいよう、ひと口サイズに切るか、型抜きする。フランスパンのような歯ごたえのあるパンはそのままで、食パンのようにやわらかいパンは軽くトーストしておいたほうが食べやすい。

●ジャムパイ

お菓子づくりは面倒だとしりごみしている人におすすめな超簡単クッキングは、冷凍のパイシートとジャムを使ったパイ。好みのジャムを包んで焼いても、パイシートだけ型抜きして焼いてパイケースをつくり、あとからジャムを詰めてもいい。

また、クレープをたくさん焼いて、間にジャムを塗って何枚も積み重ねてから切り分けると、なかなか豪華なミルフィーユふうのケーキになる。ホイップクリームを添えて食べると美味。

●リンゴジャムのパウンドケーキ

これは母直伝のパウンドケーキ。リンゴジャムに限らず、お好みでどんなジャムを使ってもいいけれども、ブルーベリージャムは色がよくないので、あまりおすすめできない。

この分量で、縦二一×横八・五×高さ六㎝

ジャムを使って、デザートのレパートリーを広げよう

のパウンドケーキ型のケーキができる。

［材料］リンゴジャム／一〇〇g、薄力粉／二五〇g、卵／三個、無塩バター／一八〇g、砂糖／一六〇g、ベーキングパウダー＆重曹／各小さじ二分の一杯、キルシュワッサー／大さじ二杯

［つくり方］①ボウルに室温にもどしたバターを入れ、泡立て器またはハンドミキサーで、白っぽくなるまで混ぜる。

②砂糖を加え、さらによく混ぜる。

③割りほぐした卵を少しずつ加え混ぜる。

④薄力粉、ベーキングパウダーと重曹を合わせてふるいにかけ、③に加えて、さっくり混ぜる。

⑤リンゴジャム、キルシュワッサーを加え、混ぜるか、おくかする。決してねらないのがコツ。

⑥パラフィン紙かクッキングペーパーを敷いたパウンド型に流し入れ、一六五～一七〇℃に熱したオーブンで四五分焼く。

●旬の果実を生かした ジャムづくり体験教室

もう三〇年近く前から、私は一年の五か月ほどをカナダで過ごしている。

知り合ったシニア世代のご婦人は、自分でジャムをつくっているか、または彼女のご両親がジャムをつくっていたことをよく覚えていた。その方々にいただいたジャムは、それぞれにくふうがあってリンゴのゼリージャム、庭で収穫したブラックベリーに香辛料の入ったジャム。それぞれ家族だけの独自の味のものをつくっている。

信州でもやはりそうで、シニア世代のご婦人は、漬け物やジャムをつくって生活に役立てている。これらも、それぞれの家族独自の味があり、訪れた先で出てくる漬け物の味の違いを楽しんだものだ。

しかし、今は多くの家庭で社会にものが増えて、いつでもどこでも欲しいものが手に入るようになったことと、みんなが仕事に時間を取られていることで、自分の手でジャムをつくるのは、減ってしまっている。それはとても残念なことだ。自分でつくることによるよいことは、たくさんあるのだから。

ぼーしやＪＡＭ工房では、ジャムづくりの体験教室を希望に応じて行っている。市販のすでに味つけされたジャムではなく、新鮮な果物の味見をし、加熱してその変化を確認しながら、自分の舌で味を決める作業をしてもらいたかったからである。

実際の果物を自分で調理加工すると、加工されて市販されている加工果物よりも、ずっと豊かな味を持っていることのほうが多い。それは、新鮮な感動さえ覚える驚きかもしれない。

現在のジャム用の瓶とフタは、昔のものよりも格段によくなっている。昔は瓶の密封を確実なものにするために、アルコールをジャムの表面に流したり、ろうそくでフタを固め

ジャムづくり体験教室を開催（左・著者）

たりもした。今では密封はフタと瓶でできるので、あまり糖度にこだわらなくてもよくなった。つまり、自分の好みの甘さを見つけて保存できるわけだ。

自分でつくれば、添加物は必要ない。それを確認してほしかった。スーパーマーケットで売られている食品には、たくさんの添加物が使われているが、自分でつくればそれらを使うこともない。化学物質を身体の中に取り入れることもないわけだ。

プラムの収穫果

ジャムは保存食なので一年くらいは、置いておくことができる。旬の安いときに買ってつくれば、経済的だ。なによりこの時期が一年のうちで一番よいおいしいものが手に入るのだから。

農家で直接果物を買うことができれば、その農家がどんなふうに果樹農業と向き合っているのかを知ることができる。果樹の生態と特徴、季節や天候、土との関わり、虫たちや微生物のこと、また鳥や動物の話など多くの楽しくも、苦労もある物語を聞かせてもらえるチャンスもあるかもしれない。

ナツミカンのジャム

たとえば友人のブドウ農家が、元気なブドウの棚の下に朝入ると酸素がたまっているので元気になる、と話してくれた。その逆で手入れの悪い貧弱な畑に入ると、具合が悪くなるのだそうだ。

保存食は、地域の食文化でもある。長い間に培った地域独自の理由と味があるという意味で、これを次代につないでいくことが大事である。ぼーしやJAM工房では、そんなことを念頭に置きながらジャムづくり体験教室を開催している。農産加工品、とりわけジャムを手がけるという行為は、自分の脳や感性を刺激して楽しい。

ジャム材料別さくいん

（五十音順）

ぼーしやJAM工房〈連絡先〉

〒389-1303　長野県上水内郡信濃町野尻2967-5
TEL026-258-3463　　FAX026-258-2577

＊交通経路＝上信越自動車道信濃町インターチェンジから4.4km約9分、妙高高原インターチェンジから6.2km約12分。電車の場合は信越本線黒姫駅から長電バスにて野尻湖下車

キウイフルーツもジャムの逸材

独特の風味を楽しむユズジャム

本書は『［遊び尽くし］お手製ジャムはいかが』（1997年、小社刊）を改題、新装、一部改訂して復刊したものです

●**池宮理久**（いけみや りく）
ぼーしやJAM工房代表。
1957年、東京都生まれ。1978年より長野県信濃町の野尻湖畔へ移住。ルバ企画の名称でルバーブなどのジャムの製造を手がけ、1986年に母が20年ほど前から営む「喫茶店ぼーしや」（帽子のデザイン、制作・販売を兼ねる）にちなみ、ぼーしやJAM工房に改名。例年11～6月は妻の本国であるカナダで過ごし、7～10月は野尻湖畔で率先して地域の食材にこだわったジャムづくりを手がけたり、周年供給態勢を整えたりしている。また、要望に応じてジャムづくり体験教室の講師を務め、旬の果実を生かしたマイジャムづくりを指導している。

とっておき手（て）づくりジャム

2020年2月14日　第1刷発行

著　　者――池宮理久（いけみやりく）

発 行 者――相場博也
発 行 所――株式会社 創森社
〒162-0805 東京都新宿区矢来町96-4
TEL 03-5228-2270　FAX 03-5228-2410
http://www.soshinsha-pub.com
振替00160-7-770406

印刷製本――中央精版印刷株式会社

 ISBN978-4-88340-339-4 C0077

〝食・農・環境・社会一般〟の本

創森社　〒162-0805 東京都新宿区矢来町96-4
TEL 03-5228-2270　FAX 03-5228-2410
http://www.soshinsha-pub.com
＊表示の本体価格に消費税が加わります

農の福祉力で地域が輝く
濱田健司 著　A5判144頁1800円

育てて楽しむ エゴマ 栽培・利用加工
服部圭子 著　A5判104頁1400円

図解 よくわかる ブドウ栽培
小林和司 著　A5判184頁2000円

育てて楽しむ イチジク 栽培・利用加工
細見彰洋 著　A5判100頁1400円

おいしいオリーブ料理
木村かほる 著　A5判100頁1400円

身土不二の探究
山下惣一 著　四六判240頁2000円

消費者も育つ農場
片柳義春 著　A5判160頁1800円

農福一体のソーシャルファーム
新井利昌 著　A5判160頁1800円

西川綾子の花ぐらし
西川綾子 著　四六判236頁1400円

解読 花壇綱目
青木宏一郎 著　A5判132頁2200円

ブルーベリー栽培事典
玉田孝人 著　A5判384頁2800円

育てて楽しむ スモモ 栽培・利用加工
新谷勝広 著　A5判100頁1400円

育てて楽しむ キウイフルーツ
村上 覚ほか 著　A5判132頁1500円

ブドウ品種総図鑑
植原宣紘 編著　A5判216頁2800円

育てて楽しむ レモン 栽培・利用加工
大坪孝之 監修　A5判106頁1400円

未来を耕す農的社会
蔦谷栄一 著　A5判280頁1800円

農の生け花とともに
小宮満子 著　A5判84頁1400円

育てて楽しむ サクランボ 栽培・利用加工
富田 晃 著　A5判100頁1400円

炭やき教本～簡単窯から本格窯まで～
恩方一村逸品研究所 編　A5判176頁2000円

九十歳 野菜技術士の軌跡と残照
板木利隆 著　四六判292頁1800円

エコロジー炭暮らし術
炭文化研究所 編　A5判144頁1600円

図解 巣箱のつくり方かけ方
飯田知彦 著　A5判112頁1400円

とっておき手づくり果実酒
大和富美子 著　A5判132頁1300円

分かち合う農業CSA
波夛野 豪・唐崎卓也 編著　A5判280頁2200円

虫への祈り―虫塚・社寺巡礼
柏田雄三 著　四六判308頁2000円

新しい小農～その歩み・営み・強み～
小農学会 編著　A5判188頁2000円

とっておき手づくりジャム
池宮理久 著　A5判116頁1300円